Jonas Adam

LATERNA MYSTICA

Ein Welttheater zwischen Himmel und Erde

IMPRESSUM
1. Auflage 2025

In der Verlagsgruppe Mainz

Printed in Germany

Bernardus-Verlag
Verlagsgruppe Mainz
Süsterfeldstraße 83
52072 Aachen
www.bernardus-verlag.de

Gestaltung, Druck und Vertrieb:
Druck & Verlagshaus Mainz
Süsterfeldstraße 83
52072 Aachen
www.verlag-mainz.de

ISBN-10: 3-8107-0405-9
ISBN-13: 978-3-8107-0405-4

JONAS ADAM

Laterna Mystica

Für Trude Fiedler (1915-2001)

Inhalt

Heilige sind Menschen, die es anderen leichter machen,
an Gott zu glauben.

Kapitel 1:
Ein Schulvormittag im April

Jana blinzelte müde in die Sonne. Es war das wärmste Frühjahr, seit sie mit ihrem Vater in den Westen gekommen war. Immerhin schon fünf Jahre lag das inzwischen zurück. Damals war sie gerade 14 Jahre alt geworden, kein kleines Mädchen mehr, sondern ein Teenager. In einem absolut verfrorenen und verregneten April 1995 zog sie an den Rhein: Die Mauern von Speyer, der alten Domstadt, standen sprachlos und kalt und unten am Fluss klirrten die Fahnen.

Das waren keine idealen Voraussetzungen, um sich am neuen Wohnort einzugewöhnen. Natürlich, als sie in Ost-Berlin das letzte Mal den Schlüssel in der Wohnungstür umgedreht hatte, bedeckten auch dunkle Wolken den Himmel über der einstmals geteilten Hauptstadt. Unwillkürlich bewegte Jana den Kopf, so als wollte sie diese Erinnerungen abschütteln. Wen kümmerte das heute, am 28. April des Millennium-Jahres 2000? Das alles gehörte doch in ein anderes Jahrhundert hinein. Besser gesagt: in ein anderes Jahrtausend.

Die milde Brise, die beinahe schon frühsommerlich auflebte, tat ein Übriges diese Gedanken zu verscheuchen. Es lag ein Geschmack von Zukunft und Freiheit in der Luft. So etwas wie *»Future in the air, you can feel it everywhere«* – der Sound ihrer Kindheit. Der Wind der Veränderung hatte sie und ihren Vater hierher geblasen. Unvermittelt spürte sie Glück und Dankbarkeit in sich aufsteigen. Was konnte das Gestern ihr anhaben? Vor ihr breitete sich wie eine einzige große Einladung ihr eigenes, unverbrauchtes Leben aus. Das Abitur hatte sie in der Tasche, so gut wie jedenfalls.

Bei der mündlichen Prüfung in sechs Wochen konnte sie gar nicht so danebenhauen, dass sie ernsthaft um irgendetwas fürchten musste.

Und danach? Das Jahr als Au-pair in Toronto stand zwar noch nicht felsenfest, doch ihr Vater hatte auf dem internationalen Ärztekongress im Februar im Grunde genommen alle nötigen Weichen gestellt. Die Familie des kanadischen Kollegen mit den drei kleinen Kindern würde sich schon wahnsinnig auf *»the German girl«* freuen. Von der Spree an den Rhein und ab dem Sommer dann nach Nordamerika. Es konnte einen nun wirklich schlechter treffen.

Andererseits – Jana schnaubte leicht unwillig Luft durch beide Nasenflügel. »Familie!?« Selbstverständlich freute sie sich, sogar so stark, dass sie sich in den nackten Unterarm kneifen musste, um sich davon zu überzeugen, dass sie es mit der Wirklichkeit und nicht mit einem Tagtraum zu tun hatte. Nur »Familie« : Das war für sie seit ihrem zehnten Lebensjahr eine ziemlich vage Größe. Oder zutreffender gesagt: eine ferne Erinnerung. Damals, im Taumel der neuen Zeit, nach dem Fall der Mauer und dem Ende der DDR, war ihre Mutter weggegangen. Einfach weggegangen. Von einem auf den anderen Tag; jedenfalls schien es ihr damals so. Ein anderer Mann, eine große Stadt im Westen, ein neues Leben und unverstellte Perspektiven waren ihrer Mutter, seinerzeit ebenfalls junge Ärztin an der Charité, wichtiger gewesen als ihr Vater – und als sie selbst.

Der Kontakt blieb anfangs noch bestehen, später wurde er unregelmäßig. Irgendwann war er dann gänzlich abgebrochen. Der Schmerz saß immer noch tief. Die Kränkung wahrscheinlich noch tiefer. Jana spürte, wie es in ihr rumorte und sogar die Tränen hochstiegen, Tränen des Unverständnisses und der Trauer. Entschlossen tauchte sie nun aus den halbbewussten Grübeleien auf und zog ihre Knie an sich heran. Auf die Dauer waren die steinernen Stufen vor dem Schulportal doch zu unbequem, um dort den halben Vormittag vor sich hin zu dösen.

Im selben Augenblick hörte sie eine Stimme hinter sich, warm und volltönend. Wieder empfand sie einen leichten Stich im Herzen, aber diesmal einen von der angenehmen Sorte. Toronto hin oder her, manches könnte einen vielleicht doch hier in Deutschland halten …

Obwohl – dieses Kapitel war eigentlich abgeschlossen. Und sie hatte sich davon überzeugen müssen, dass wohl keine Chance bestand, es zurückzublättern. »Hast du die Noten deiner Klausuren schon abgeholt oder traust du dich nicht nach oben? Du hast doch bestimmt eh wieder auf ganzer Linie abgesahnt!« Niklas ließ sich neben Jana auf die Steinstufen plumpsen. Mit einer Hand schirmte er sein zartes Gesicht mit dem blonden Bartflaum gegen die Sonne ab. »Viel zu warm für April«, seufzte er. »Wie soll man da gescheit für das Mündliche lernen können?« Jana wandte den Blick zur Seite und erfasste ihren Klassenkameraden im Profil. »Stell dich nicht so an!« Sie legte ihre Stirn in strenge Falten. »Ob du deinen Abischnitt mit 1,3 oder 1,5 machst, wird ja nicht am Thermometer liegen …«

Nach einer kurzen Pause fügte sie ärgerlich hinzu: »Außerdem kann es dir doch komplett egal sein. Dich fragen deine Jesuaner sowieso nicht nach deinen Noten. Die sind doch froh, dass ihnen irgendein Irrer sein Leben vor die Füße schmeißt.« Der Ton ihrer Stimme verriet jetzt nicht nur Ärger, sondern auch Bitterkeit. »Jesuiten, nicht Jesuaner. Und zweitens: Halbe Analphabeten können die sicher auch nicht gebrauchen. Und drittens: Ich werfe mein Leben nicht irgendwem vor die Füße, sondern ich tue das, was …«

Niklas, der so forsch und selbstbewusst begonnen hatte, kam nun doch etwas ins Schleudern. Wie um Himmelswillen sollte man eine »Berufung« erklären? Und dann noch jemandem wie Jana, die von Tuten und Blasen keine Ahnung hatte, ja, die noch nicht einmal getauft war? Und die auch nach fünf Jahren hier in seiner Heimatstadt die katholische Luft irgendwie so filterte, dass kaum etwas davon bei ihr hängenblieb. Etwas von dem, was ihm selbst so unendlich wichtig war. Missvergnügt blickte er zu den nahen Domtürmen hinüber. Was konnte er dafür, dass im Osten Deutschlands vierzig Jahre staatlich verordneter Atheismus geherrscht hatte? Und war es ausgerechnet sein Job, dieses – zugegeben schöne und kluge – Heidenkind zu missionieren?

Es gab kaum etwas, das ihm, keine hundert Kilometer von der französischen Grenze aufgewachsen, so fern und gleichgültig gewesen wäre wie die ehemalige DDR. »Missionar sein«, das ging schon in Ordnung. Präzise gesagt war das sogar sein ganz konkretes Berufsziel, später nach Noviziat und Studium. Einmal nach Brasilien, Indonesien oder Afrika südlich der Sahara zu gehen! Eigentümlich wurde ihm bewusst, dass ihm Salvador de Bahia, Jakarta oder Nairobi gefühlsmäßig näher lagen als Cottbus oder Eisenhüttenstadt.

Unvermittelt wechselte er das Thema. »Da du mir die Ergebnisse deiner Klausuren offensichtlich nicht verraten willst, sag mir wenigstens, ob du übermorgen *casual* oder in Galakleidung kommst.« Jana stutzte. Sie war gerade zu sehr ihren eigenen verschlungenen Gedanken nachgegangen. Vor ihrem geistigen Auge hatte sie die ganzen letzten drei Jahre der gemeinsamen Oberstufe Revue passieren lassen. Wie ihr Niklas das erste Mal im Deutsch-Leistungskurs begegnet war. Wie sie anfänglich davon überrascht war, dass er, ein Einserschüler, der seine sieben Sinne offensichtlich beisammen hatte, allen Ernstes jeden Sonntag in die Kirche ging und sogar unter der Woche irgendeine Spätschicht oder Frühwache besuchte. Wie sie sich auf der Studienfahrt nach Rom am Ende des 11. Schuljahrs näher kennengelernt hatten, mit allen Fragezeichen, die schon damals aufgeflackert waren. Wie sie schließlich bei einer Fahrradtour nach Bad Dürkheim den ersten Kuss gewechselt hatten (Strenggenommen hatte sie ihn einfach geküsst, denn sonst hätte sie bis zum

Ausbruch der Weltrevolution warten können). Wie sich anderthalb wunderschöne gemeinsame Jahre angeschlossen hatten, in denen sie auch seine Familie erlebte …

»Was ziehe ich wann und wozu an?« Jana schreckte aus ihren Erinnerungen auf. »Der Faust, Schwetzingen, unser Deutschkurs. Bist du in Trance oder hast du schon einen Sonnenstich abbekommen?« Ach ja, das stand noch auf dem gemeinsamen Programm, gewissermaßen die Abschlussvorstellung mit ihrem Stammkurs. Speziell und anlässlich des Millenniums wurde am 30. April im Rokoko-Theater gegenüber von Speyer auf der anderen Seite des Rheins Faust I und Faust II in einer einzigen Marathonaufführung inszeniert.

Jana stöhnte aus tiefster Brust: »Und das bei der Hitze! Als ob man in der Walpurgisnacht nichts anderes machen könnte. Faust I geht ja noch, aber Faust II ist doch eine einzige Zumutung. Das hat schon im Unterricht kein Schwein verstanden, was der da kurz vor seinem Exitus geschrieben hat.« Ein weiteres Mal schnaubte sie wütend aus. »Ein Grund mehr, in Jogginghose hinzugehen, vielleicht sogar im Schlafanzug. Den Gefallen werde ich dem Herrn Geheimrat noch tun, mich für ihn und seinen Faust extra in Schale zu werfen.«

Niklas betrachtete die schlanke Silhouette seiner Freundin – nein: seiner Ex-Freundin –, korrigierte er sich selbst. Jana war aufgestanden und streckte ihre Arme federnd nach oben. »Sie kann sowieso anziehen, was sie will. Sie wird immer toll darin aussehen«, dachte er und versuchte sogleich, diesen Gedanken wiedereinzufangen. Laut sagte er: »Okay, dann gehe ich auch *casual* hin, obwohl es mir doch Spaß gemacht hätte, mich einmal wieder richtig herauszuputzen: Abendgarderobe mit Fliege und Lackschuhen, in denen man sich spiegeln kann. Wann findet man schon mal in unserem Alter einen Anlass dazu? Dann vielleicht stattdessen beim Abiball …«

»Du bist mir ein schöner Mönch! Ab Sommer rennst

du in einem Kartoffelsack herum und vorher machst du noch mal einen auf Dandy?« Jana gelang es nicht ganz, die Bitterkeit aus dem Klang ihrer Stimme zu verbannen. Aber Niklas war ohnehin nicht dazu aufgelegt, auf Zwischentöne zu achten. »So ein Quatsch. Jesuiten tragen keine Kutten. Die laufen ganz normal herum. Ich werde doch kein Franziskaner oder Kapuziner. Und wer kann mir bis dahin verbieten, meine Freiheit zu genießen?« Ihr Blick streifte ihn von oben her über den Scheitel. Noch saß er auf der Sandsteintreppe und starrte leicht genervt auf seine ausgetretenen Turnschuhe. Von unten ließ er boshaft vernehmen: »Pass du lieber auf, dass deine kanadischen Gasteltern dich ab Sommer nicht in Schürze und Häubchen stecken. Ich freu mich jetzt schon auf die ersten Fotos.«

Überrascht fixierte Jana ihren Klassenkameraden und Ex-Freund. War er tatsächlich noch an Fotos von ihr interessiert? Durfte er im Kloster überhaupt so etwas besitzen? Würden sie ihm nicht abgenommen werden? Wahrscheinlich würde er dafür Buße tun müssen und sich selbst den Rücken blutig geißeln. Ihr kam zu Bewusstsein, dass sie bis hierhin nichts weiter zur Kenntnis genommen hatte, als dass er nach Nürnberg ziehen würde, um dort verschiedene Praktika zu absolvieren und anschließend in München (oder war es Innsbruck?) Philosophie und Theologie zu studieren. Das mit der »Philosophie« erschien ihr dabei das einzig Vernünftige und Erstrebenswerte bei der ganzen Sache. Und das passte auch zu Niklas und zu seiner Art, allem mit genauen Fragen auf den Grund zu gehen. Und Philosophen durften wenigstens heiraten und bis es so weit war, auch eine Freundin haben. Wozu überhaupt dieses mittelalterliche Drumherum mit Armut, Keuschheit und Gehorsam?

Ehe die Wut überkochen konnte, drehte sie sich halb von ihm weg und blickte nun ebenfalls auf den altehrwürdigen Riesenbau des Doms hinüber. Dieser christliche Tempel stand da seit beinahe 1.000 Jahren. An sich nur eine Ansammlung alter (und ein paar neuerer) Steine, in dem eine patriarchalische Gottheit verehrt wurde, die ungerührt dabei zugeschaut hatte, wie ihr eigener Sohn auf bestialische Weise zu Tode gefoltert wurde. Diesen Jesus fand sie im Übrigen ganz gut. Das hieß vor allem: glaubwürdig. Wenn auch im letzten natürlich verrückt, da er den Tod dem Leben vorgezogen hatte. Später hatten dann irgendwelche Priester einen großen Betrug inszeniert, um die leichtgläubige Menschheit für dumm zu verkaufen.

Im Ethikunterricht hatten sie die Klassiker der Religionskritik durchgenommen: Nietzsche, Freud und Feuerbach. Da blieb doch unter dem Strich nicht ein Körnchen Wahrheit übrig. Und überhaupt: Was war »Wahrheit« ? Dennoch, dass ein Gott, den es gar nicht gab bzw. gar nicht geben konnte, ihr ihren Freund ausgespannt hatte, würde sie ihm nicht verzeihen.

Irritiert gab sich Jana Rechenschaft, dass sie gerade jemandem die Aussicht auf Verzeihung versagte, dem sie einen Augenblick zuvor noch die Existenz abgesprochen hatte. Seufz, das Leben im Osten war doch irgendwie weniger kompliziert gewesen, jedenfalls in diesem Punkt. Dort hatte man sich zumindest nicht mit jemandem oder etwas herumschlagen müssen, den oder das es zwar gar nicht gab, das sich aber gänzlich unverfroren in das eigene intimste Privatleben einmischte!

»In Englisch habe ich 13 Punkte, in Deutsch sogar 14, nur in Biologie habe ich mit 6 Punkten knapp eine Katastrophe vermieden. Diese ganze Chemie hätte mir beinahe das Genick gebrochen. Na, was soll's: In Toronto werde ich eher das Englisch als den Zitronensäurezyklus gebrauchen können ... Wir sehen uns dann übermorgen. Abfahrt um vier Uhr vor der Schule.«

Verwundert blickte Niklas dem seltsamen Mädchen nach, das jetzt grußlos zu den Fahrradständern wegschlenderte. Aber gut: Wer war hier eigentlich seltsam?

Vor einem Dreivierteljahr wäre er mit Jana noch bis Toronto oder sogar nach Neuseeland gezogen, nur um bei ihr und an ihrer Seite zu sein. Und, ja natürlich: Er liebte sie immer noch. Anders eben, aber ganz sicher nicht weniger. Trotzdem wusste er, dass der Schatten über den er dabei gesprungen war, gut und richtig gewesen war. Denn es war sein eigener, ganz persönlicher und unverwechselbarer Schatten gewesen. Er wusste und er spürte es, bei allem, was auch mit anderer Stimme in ihm redete und das Gegenteil behauptete. Doch was wusste und fühlte Jana?

Hilflos gestand er sich ein, dass er völlig außerstande war, ihr etwas für sie nachvollziehbar und vernünftig zu erklären. Und mit derselben abwesenden Hilflosigkeit bemerkte er nun, als Jana ganz aus seinem Blickfeld verschwunden war: Das Blatt mit den Ergebnissen seiner Abi-Klausuren (neben Deutsch noch Geschichte und Latein; Latein war seine »Biologie« – da biss die Kirchenmaus keinen Faden ab) lag noch oben im Schulsekretariat. Nur noch zehn Minuten, dann würde er bis nächsten Dienstag warten müssen.

Kapitel 2: Ein Theaterabend in Schwetzingen

Niklas suchte vergebens nach einer bequemeren Sitzposition. Die nur sehr unzureichend gepolsterten Sitze im Zuschauerraum des Rokokotheaters taten ein Übriges, um ihm die Aussicht auf insgesamt sechs Stunden Faust zu verleiden. Nur die Dreiviertelstunde Pause zwischen den beiden Teilen bot Hoffnung auf eine zeitweilige Linderung.

Neben ihm schien Jana, die nun doch im eleganten Hosenanzug aus hellem Leinen gekommen war, ganz ähnliche Motivationskämpfe auszufechten. Dabei hatte noch nicht einmal das »Vorspiel« begonnen, geschweige denn der »Prolog im Himmel«. Wie gut, dass sie sich zuvor noch einmal ausgiebig die Beine vertreten hatten. Nahezu schweigend waren sie die Wege des großzügig angelegten Barockgartens auf der Rückseite von Schloss und Theater entlanggegangen, vorbei an Nymphen, Springbrunnen und künstlichen Ruinen. Aber worüber hätten sie sich auch austauschen sollen? Über ihre schriftlichen Abiturnoten etwa? Das Entscheidende blieb augenblicklich zwischen ihnen ohnehin ungesagt.

Niklas fehlten dazu die passenden Worte und Jana das darauf abgestimmte innere Gehör. Wenige Monate war es erst her, als sie am Beginn der letztjährigen Sommerferien Hand in Hand dieselben Kieswege abgeschritten hatten – ebenfalls schweigend. Nur damals hatte ihnen das gemeinsame Glück des Verliebtseins die Sprache verschlagen und nicht die Ohnmacht eines andauernden wechselseitigen Nichtverstehens, Nichtsagenkönnens und Nichtauffassenwollens.

»Es ist schon verrückt«, dachte Niklas. All diese Gestalten aus der antiken Sagen- und Götterwelt, die hier im

Schlosspark die barocken Wege säumten, waren seiner Freundin ein Begriff. Kundig konnte sie die Göttin der Jagd, Artemis, von der Göttin der Wissenschaft, Athene, unterscheiden. Und angesichts der steinernen Attribute wusste sie klar zu sagen, ob sie es mit einem Apollon oder mit einem Hermes zu tun hatte. »Warum hat sie vom Christentum so wenig Ahnung?«, fragte er sich. »Das ist doch ganz genauso Teil unserer berühmten abendländischen Kultur! Sie müsste ja nicht einmal daran glauben, aber die grundlegenden Zusammenhänge wenigstens sollte sie verstehen. Wie soll sie sonst *mich* verstehen?«

Innerlich winkte er ab. Zu oft schon hatte er sich diese Frage gestellt. Es half doch alles nichts. Da musste wohl Gott selbst mit allen seinen Heiligen auf den Plan treten, um diesen Felsen zu sprengen. Er selbst war da längst mit seinem Latein am Ende – mit dem es bekanntlich ohnehin nicht allzu weit her war …

Endlich hebt sich der schwere Vorhang und der große Kronleuchter erlischt. Beginnend mit der »Zueignung« wälzt sich des Stückes erster Teil durch die »Nacht« vor das »Tor« und wieder zurück ins »Studierzimmer«.

Die Abiturienten des benachbarten Speyrer Gymnasiums gleiten mit der Zeit, angesichts des wohlbekannten Stoffes, mehr und mehr in bleierne Schläfrigkeit. Die »Walpurgisnacht«, dem Datum entsprechend, reißt sie dann mit ihrer derben und frivolen Anschaulichkeit aus ihrem Halbschlummer, um sie anschließend umso nachhaltiger einnicken zu lassen.

Den »trüben Tag«, das »offene Feld«, die abschließende »Kerkerszene« zu guter Letzt sieht der Abi-Jahrgang 2000 nicht mehr mit wachem Bewusstsein. Stattdessen nimmt die eigentliche Walpurgisnacht ihren Lauf. Das Wunder bricht sich Bahn und es flammt auf die »Laterna Mystica«. Was sich nun begibt, ist etwas Neues, bislang Ungesehenes: ein »Welttheater zwischen Himmel und Erde«.

Jana rammt ihren Ellenbogen zwischen Niklas Rippen.

»Was geht denn hier ab?« Der Junge auf dem Nebensitz fährt auf. Und tatsächlich: Sie sind auf einmal ganz alleine im Rokoko-Hufeisen des Zuschauerraums. Das Parkett ist verwaist. Auch auf der Bühne regt sich nichts. Keiner ihrer Mitschüler, kein Deutschlehrer, weder Schauspieler noch Kulissenschieber – niemand ist mehr da. Nur die Kulissen selbst stehen noch: Sie kündigen der Tragödie zweiten Teil an. Anmutige Gegend, eine Berglandschaft mit Rasenflecken, von Blumen umstanden.

Nur Faust, der sich inmitten von alledem ermüdet, unruhig und schlafsuchend wälzen sollte, fehlt. Niklas sucht die Digitalanzeige seiner Armbanduhr. Mit einem Knopfdruck erleuchtet er das kleine Display. »He«, sagt er, »meine dumme Uhr hat den Geist aufgegeben. Sie blinkt nur noch auf Mitternacht.« Jana zuckt zusammen. Auch sie hat auf ihr schmales Handgelenk geschaut. »Du hast recht. Alle Zeiger reglos auf 12.00 Uhr. Mehr ein Kompass als eine Uhr.« Sie lacht auf. Mit verstellter Gruselstimme rezitiert sie: »Es ist Geisterstunde. Null Uhr.« Etwas beklommen fügt sie hinzu: »Wie gut, dass wir nicht ein paar Kilometer weiter an der Bergstraße auf der Burg Frankenstein sitzen ...« Niklas gibt sich sachlich: »Die anderen werden doch nicht ohne uns gefahren sein. Was haben die sich bloß dabei gedacht, uns nicht zu wecken?« Auch Jana kehrt in den Modus der nüchternen Vernunft zurück: »Vielleicht ist das so einer Art vorgezogener Abi-Gag. Aber ganz bestimmt nicht auf unsere Kosten! So leicht lassen wir uns nicht hinters Licht führen.«

Gemeinsam steuern sie den Ausgang an. Aber die Türen sind verschlossen. Auch die seitlichen Eingänge bewegen sich keinen Millimeter. Selbst die eigens ausgewiesenen Fluchtwege erweisen sich als verrammelt und verriegelt. Jana beschleicht jetzt doch ein Anflug von Panik. »So, jetzt bist du dran, heiliger Mann. Tu doch irgendwas. Sesam öffne dich!« Doch Niklas lässt die Provokation ins Leere laufen. Sein Blick schweift vom Notausgang zurück auf die Bühne. »Da ist doch jemand! Lasst es gut sein und kommt raus. Das ist nicht mehr lustig.« Auch Jana steht da wie angefroren. »Ich habe es auch gehört. Direkt hinter den Kulissen.« Sie belebt sich wieder. Mit einem Schritt zur Bühne hin sagt sie: »So, wir heben dieses Schmierentheater jetzt aus. Macht euch auf etwas gefasst.«

Entschlossen erklimmen beide die Bühne. Doch oben erstarren sie aufs Neue. Denn wieder dringt etwas leise an ihr Gehör, diesmal kein unartikuliertes Schaben oder Rascheln, sondern – Gesang, von Äolsharfen begleitet: »Wenn der Blüten Frühlingsregen / über alle schwebend sinkt / wenn der Felder grüner Segen / allen Erdgebornen blinkt / kleiner Elfen Geistergröße / eilet, wo sie helfen kann / ob er heilig oder böse / jammert sie der Unglücksmann.«

Der Gesang bricht ab. »Ich glaub, jetzt wird mir doch unheimlich«, flüstert Jana. Instinktiv suchen und finden sich ihre und Niklas Hände. Gleich darauf fährt der Gesang fort, getragen nun von einem feierlichen Chor: »Nacht ist schon hereingesunken / schließt sich heilig Stern an Stern / große Lichter, kleine Funken / glänzen nah und glänzen fern / Wunsch um Wünsche zu erlangen / schaue nach dem Glanze dort! / Leise bist du nun umfangen / Schlaf ist Schale wirf sie fort!«

Während Niklas langsam das Blut aus dem Gesicht weicht, reißt Jana nun endgültig der Geduldsfaden und sie braust auf: »Was soll dieses hohle Geschwafel? Außerdem habt ihr lauter Verse vergessen oder übersprungen. Wenn ihr uns schon erschrecken wollt, dann haltet euch wenigstens an den originalen Text. Der arme alte Goethe würde in seiner Weimarer Gruft rotieren, wenn er das mitanhören müsste.« Noch ist sie am Schimpfen, da bricht auf einmal aus der Tiefe des Bühnenraumes ein ungeheures Getöse los. Falls es möglich ist, entfärbt sich das Gesicht von Niklas noch mehr. Fahl und zitternd drückt er die Hand seiner Gefährtin eine Spur fester. »Ich glaube, hier ist mehr als Goethe«, stammelt er tonlos.

Kapitel 3:
Edith Stein

Ein grelles Licht flammt auf. Nein, es wird bloß jetzt erst sichtbar; zuvor war es von den Kulissen zugestellt gewesen. Die Kulissen sind gefallen und liegen jetzt flach auf dem hinteren Bühnenboden. Geblendet schirmen Jana und Niklas ihre Augen mit den Händen. Als sie wieder aufblicken, steht eine menschliche Person im Licht, umstrahlt von einer Aureole, die nicht von dieser Welt zu sein scheint.

»Wer ist das?« Jana ringt um Fassung und ihre Knie geben nach. »Ich bin Theresia Benedicta a Cruce« ertönt eine Stimme. Keine Grabesstimme, keine Verlautbarung aus einer Gruft. Klar, nüchtern, beinahe sachlich erfolgt diese Vorstellung. Mit der Gewöhnung der Augen wird jetzt deutlich: Die Gestalt vor ihnen, zwischen ihnen und der überirdischen Lichtquelle, trägt ein Ordensgewand, das Habit einer Nonne, allerdings arg mitgenommen und stellenweise angesengt. »Mein Gott, das ist Edith Stein!«, flüstert Niklas. »Wer?« Die Nachfrage Janas ist mehr ein Hauchen. »Edith Stein: die Philosophin, Professorin, Nonne, von den Nazis vergast und verbrannt in Auschwitz.« Jana schweigt, aber es scheint ein Schweigen völliger Ahnungslosigkeit zu sein.

»Mensch, Jana, das hat jetzt nicht einmal etwas direkt mit Religion zu tun. Das ist Allgemeinbildung, deutsche Geschichte des 20. Jahrhunderts. Und vor allem hat sie eine Zeitlang bei uns in Speyer gelebt. Sie war sogar die Deutschlehrerin meiner Urgroßmutter, irgendwann zwischen dem 1. und dem 2. Weltkrieg.«

Ebenso sachlich, wie sie sich namentlich vorgestellt hat, ergreift Edith Stein erneut das Wort. »Gebürtig komme ich aus Breslau in Schlesien. Auch das ist Teil der deutschen Geschichte des 20. Jahrhunderts. Eine deutsche Stadt an der Oder, groß, bedeutend, wohlhabend. Mein Vater betrieb dort einen Holzhandel. Uns ging es so gut, dass ich zeitweilig keine Schule besuchen musste, sondern privaten Hausunterricht erhielt. Schon früh war ich wissbegierig. Unersättlich nach Neuem, Altem, nach dem, was die Welt im Innersten zusammenhält.«

Niklas will seinen Wissensvorsprung gegenüber Jana zur Geltung bringen: »Sie ist in eine jüdische Familie hineingeboren worden. Edith Stein war Jüdin, bevor sie eine christliche Heilige wurde.« »Ja, der jüdische Glaube wurde bei uns gelebt. Er war die Religion, in die ich hineingeboren wurde und in der ich aufgewachsen bin.« »Aber dabei blieb es nicht«, insistiert Niklas. »Nein, mir ging es wie Unzähligen christlich geprägten jungen Erwachsenen auch, in den fortschrittsbegeisterten Wohlstandsjahren vor dem 1. Weltkrieg: Wir waren kritisch, wir stellten Fragen und wir stellten infrage – vor allem Traditionen, Überkommenes und dazu gehörte natürlich auch die Religion. Jede Religion.«

Jana löst sich ein wenig aus ihrer Erstarrung und wird hellhörig. »Das heißt, Sie waren Atheistin und haben nicht an einen Gott geglaubt?« Edith Stein schüttelt den Kopf. »Nein, das hatte ich zwischenzeitlich hinter mir gelassen. Das hatten wir, als Generation, hinter uns gelassen. Die Zukunft war Wissenschaft, Vernunft, die Verständigung der Völker. Religion war da nur hinderlich, man musste sie überwinden, ja mehr noch: aktiv aus dem Weg räumen.« »Aber was ist dann passiert?« Jana hat die mehr als außergewöhnlichen Umstände dieses Gespräches beiseitegeschoben. Sie ist ehrlich und vor allem auch persönlich interessiert.

»Der Ausbruch des 1. Weltkrieges hat alles verändert. Damals war es natürlich noch kein Weltkrieg und von einem zweiten ahnten wir erst recht nichts. Dennoch war es ein gewaltiger Einschnitt. Der ganze – rückblickend betrachtet – so naive Zukunftsoptimismus war dahin. Menschen starben, enge Freunde starben, zu Millionen verreckten sie in den Schützengräben von Verdun, im Giftgas von Flandern oder auch in den Tiefen des östlichen Europas. Es war ein Schlachten, das über mehr als fünf Jahre andauerte. Alle Gewissheiten, über die Welt und die Formbarkeit der menschlichen Natur zum Besseren, Höheren, Lichteren gingen im Sumpf und Dreck dieses sinnlosen Geschwisterkampfes der Völker Europas, der Jugend Europas, zugrunde.«

Jana bleibt bei der Sache. »Niklas sagte, sie waren auch Wissenschaftlerin, eine Philosophin. Also nicht nur eine Privatgelehrte aus einem reichen Elternhaus, sondern eine regelrechte Professorin?« Auf dem Ewigkeitsgesicht der Heiligen zeigt sich ein leichtes Lächeln. »Ja, ich habe akademische Karriere gemacht, war eine Vorreiterin, bin sogar so etwas wie eine Feministin gewesen. Wie so oft und später auch noch hat den Lorbeer aber mein Doktorvater geerntet. Aber ich habe ihn dennoch hochgeschätzt und verehrt: Edmund Husserl, jüdisch-stämmig wie ich selbst, der Begründer der Phänomenologie.«

»Was ist das?«, möchte Jana nachhaken, doch Niklas fährt dazwischen: »Wie sind Sie dann aber zum christlichen Glauben gekommen? Was hat Sie, eine erklärte Atheistin mit jüdischen Wurzeln, dahin gebracht, sich als längst Erwachsene taufen zu lassen?« Edith Stein wendet sich ihm zu. »Weißt du, dass meine Taufe auch ganz in der Nähe von Speyer stattfand? In Bad Bergzabern an der Weinstraße? Heute noch kann man dort in der Pfarrkirche das Taufbecken sehen, an dem ich, die stolze, kluge, gebildete, vormals gottleugnende Philosophin, die Taufe empfing. Der Grund? Es war ebenfalls eine Nachtstunde wie heute, mehrere Nachtstunden zutreffender gesagt, in Bad Bergzabern. Ich hatte eine Freundin besucht. Es war kurz nach Ende des Krieges. Ihr Mann war gefallen.

Sie war Witwe, blutjung und alleine. Ich kam, um sie zu trösten, sie aufzurichten. Aber sie bedurfte keines Trostes. Obwohl sie in tiefer, tiefer Trauer war um den Verlust ihres geliebten Ehemannes, war sie dennoch nicht verzweifelt, nicht gänzlich am Boden zerstört. Sie war Christin und glaubte an Gott. Sie glaubte an ein ewiges Leben, die Auferstehung der Toten und ein Wiedersehen mit ihrem Mann in einer jenseitigen Welt.«

»Das muss aber doch in Ihren Augen völliger Unsinn gewesen sein«, meint Jana analytisch. »Du hast recht«, pflichtet ihr die Heilige bei. »Für mein Weltbild war das der denkbar größte Widerspruch. Aber hier war es echt, authentisch, es hielt der Probe der zumutungsreichsten Wirklichkeit stand. Es trat mir als *wahr* entgegen. Und mein Weltbild zerbrach, es fiel in Trümmer – und daraus erwuchs etwas völlig Neues.« Jana wirkt beeindruckt, aber nicht wirklich überzeugt: »Eine Sicht auf die Welt, die in Jahrzehnten gewachsen war, wird durch eine einzige persönliche Begegnung mit einer Kriegerwitwe in ihr Gegenteil verkehrt? Wirklich, nur das?« Edith Stein schmunzelt. »Du bist hartnäckig, das gefällt mir. Und das erinnert mich an mich selbst, als ich in deinem Alter war. Doch du hast sicher recht. Das hat sich bestimmt vorbereitet, schon in den Kriegsjahren zuvor. Hier in Bergzabern kam jedoch noch ein Weiteres hinzu. Ich blieb ja über Nacht, denn mein Vorsatz war immerhin, der trauernden Witwe einige Tage lang Gesellschaft zu leisten und ihr Trost zu spenden. Nur, dass *sie* keinen menschlichen Trost brauchte, raubte nur den Schlaf. Ich stand auf, ging in die Bibliothek des Akademikerhaushalts und zog aufs Geratewohl ein Buch aus dem Regal: Die Autobiografie der heiligen Teresa von Avila, einer Karmelitin aus dem 16. Jahrhundert. Diese Lektüre, die ganze Nacht hindurch, hat mir den entscheidenden Anstoß verpasst. Den existenziellen Schlag, glauben zu wollen, katholische Christin zu werden.«

»Aber was ist dann passiert? Wie ging es von da ab weiter?« Jana ist jetzt wirklich gepackt. »Nun, ich war nicht verheiratet, kinderlos. Insofern konnte ich völlig unabhängig handeln. Für meine jüdische Herkunftsfamilie und zumal für meine Mutter war es natürlich ein Schock. Sie hat sich niemals ganz damit abfinden können. Beruflich brachte diese Entscheidung erst einmal einen ziemlichen Rückschritt mit sich. Ich stieg aus der universitären Laufbahn aus und unterrichtete hier in der Schule der Speyrer Dominikanerinnen die städtischen Kinder im Fach Deutsch. So auch deine Urgroßmutter, Niklas, die kleine Trude. Wissbegierig und mit einem sehr blumigen Stil im Aufsatz, wenn ich mich richtig erinnere.«

»Doch dabei blieb es nicht, oder?« Niklas ist über den familiären Bezug ganz verzückt. »Nein, ich war und blieb auf der Suche. Die Zeit an der Schule in Speyer diente hauptsächlich der Klärung der weiteren Schritte. Ich bin damals auch oft zu den Benediktinern nach Beuron gefahren, in der Nähe von Tuttlingen an der jungen Donau. Hier habe ich stiller Betrachtung, beim Chorgebet der Mönche und vor allem in vielen Gesprächen um die notwendige Orientierung gerungen. Schließlich habe ich den akademischen Weg wiederaufgenommen, diesmal aber als getaufte Katholikin – und als Sozialwissenschaftlerin. Ich wurde eine der ersten Professorinnen Deutschlands am katholischen Pädagogischen Institut in Münster in Westfalen.«

»Das ist eine bemerkenswerte Biografie. Aber ich verstehe immer noch nicht, wie oder warum Sie heute in der katholischen Kirche als Heilige angesehen und verehrt werden.« Jana lässt nicht locker. Aber die heilige Theresia Benedicta a Cruce alias Edith Stein bringt die Gelassenheit und Geduld der Ewigkeit mit. »Das muss man vielleicht auch gar nicht unbedingt verstehen. Jedenfalls war es nicht Teil meiner Lebensplanung, eine Heilige zu werden. Was ich wollte, das war meinen Weg zu finden, einen Weg, den inneren Reichtum meiner Seele, der mir zugewachsen war, in dieser Welt zu leben. Darum bin ich ins Kloster gegangen.« Jana stutzt: »Um etwas in dieser Welt leben zu können, haben Sie, die gefeierte Wissenschaftlerin und Intellektuelle, sich hinter Klostermauern einschließen lassen?« »Ja, es war sogar ein sehr strenger Orden und ist es bis heute: ein Karmel, ein Karmelitinnen-Kloster, in Köln. Mit Klausur und Schweigen. So ziemlich das Gegenteil von dem, was meine erste Lebenshälfte bestimmt hatte. Doch ich war dort nicht ganz alleine. Auch meine Schwester Rosa, die nach mir ebenfalls zum christlichen Glauben übergetreten war, hat dort als Tertiarin Zuflucht gefunden.«

»Dieser Eintritt ins Kloster, geschah der ganz aus heiterem Himmel?«, erkundigt sich Niklas. »Nein, keinesfalls«, entgegnet die Heilige. »Es war im Gegenteil ein völlig verdüsterter Himmel. In Deutschland hatten 1933 die Nationalsozialisten die Macht ergriffen. Für sie blieb ich eine Jüdin, Taufe hin, Taufe her. Und längst bevor sie uns physisch vernichten wollten, haben sie uns aus allen öffentlichen Ämtern und Aufgaben hinausgedrängt: aus der staatlichen Verwaltung, aus dem Bildungswesen, auch aus den Hochschulen. So stand ich vor der Frage, was ich unter diesen Voraussetzungen tun sollte, wohin ich nun gehen könnte. Da tat sich die Möglichkeit des Klosters auf. Ein Weg in die Abgeschiedenheit, ein Weg ins Verborgene. Erst dort, hinter Klostermauern, bin ich von der Philosophin zur Mystikerin geworden. Ich habe nicht nur über Gott nachgedacht; ich habe begonnen, ihn in Liebe zu erfassen und mich ganz von seiner Liebe tragen und durchdringen zu lassen.« Sie unterbricht sich für einen Augenblick: »Ja, Jana, bevor du fragst. Das war ein gewaltiger seelischer Aufbruch. Und der Weg dahin war durchaus nicht immer geradlinig und leicht.«

Jetzt ist es erneut an Niklas, nach vorn zu drängen. »Hier in Köln, im Karmel, hätte ja alles enden können. Sacht ausklingen in Gebet und Askese, in Meditation und Entäußerung. Doch das war eben nicht das Ende. Das eigentliche

Drama begann doch erst in diesem Augenblick.« Edith Stein wird nun doch ein wenig unwillig. »Noch einmal, ich verfolgte keinen Lebensplan, eine Heilige zu werden, schließlich sogar eine Kirchenlehrerin und Schutzpatronin Europas. Dieser Ehrgeiz ging mir gänzlich ab. Doch ein Drama, ja eine Tragödie, wurde es natürlich dennoch ...«

»Was ist denn geschehen, wie ging es weiter?« Jana spürt, dass ihr hier vorerst wichtige Informationen fehlten. Die Heilige wendet sich ihr wieder zu. »Das Ende ist schnell erzählt. Aufgrund des Drucks der Nationalsozialisten wegen unserer jüdischen Herkunft wechselten Rosa und ich den Aufenthalt und übersiedelten in die Niederlande, nach Echt in den dortigen Karmel. Doch 1940 besetzte Deutschland die Niederlande und versuchte auch dort, aller Juden habhaft zu werden. Derer, die dort immer schon gelebt hatten, aber auch der Emigranten, so wie wir beiden Schwestern es waren – oder auch Anne Frank, deren Familie in Amsterdam Zuflucht gesucht hatte. Es war eine unsagbar schreckliche, finstere Zeit. Mitten in dem, was einmal das ›christliche Abendland‹ genannt wurde: ein Zivilisationsbruch, ein Absturz, ein Sündenfall jenseits aller Vorstellungskraft. So wie Anne Frank nach Bergen-Belsen deportiert wurde, so wurden auch Rosa und ich abtransportiert und in den Tod geschickt: nach Auschwitz, ins Gas, in die Krematorien, durch den Schornstein ...«

Niklas und Jana sind zwei deutsche Jugendliche, geboren in West und Ost, nur ein knappes Jahrzehnt vor dem Epochenjahr 1989. Wenn ihnen etwas von der Geschichte vertraut ist, der Geschichte ihres Landes und ihres Kontinents, dann in diesem Punkt. Deshalb schweigen sie und keiner von beiden sagte mehr ein einziges Wort. Nur Theresia Benedicta a Cruce (diesen Namen hatte sie im Karmelitinnen-Kloster in Köln angenommen), nur Edith Stein also, sagt: »Wir sind für unser Volk gegangen.« Und Jana und Niklas wissen beide, ohne jede Nachfrage, welches Volk sie damit meinte.

Kapitel 4:
Alfred Delp

Das Licht erlischt nicht. Keineswegs. Das Licht strahlt weiterhin wie tausend Sonnen. Während Edith Stein von ebendiesem Licht wiederaufgenommen wird, tritt eine andere Figur heraus: ein Mann in seinen mittleren Jahren, Brillenträger, offensichtlich auch ein Studierter. An seinem Hals befindet sich ein rötlicher Striemen und an seinen Handgelenken pendeln die Überreste gesprengter Fesseln.

»Ihr müsst verzeihen«, sagt er leicht verschmitzt. »Eigentlich war der kanonisierte Heilige Pater Maximilian Maria Kolbe an dieser Stelle vorgesehen. Er scheint aber augenblicksweise verhindert zu sein; vermutlich ist er gerade in Polen unabkömmlich.« »Wer sind Sie denn?«, will Jana wissen, so als wäre die Zwiesprache mit längst Verstorbenen ihr inzwischen täglicher Zeitvertreib. »Mein Name ist Alfred Delp. Ich war Jesuitenpater. Aufgewachsen bin ich in Lampertheim-Hüttenfeld, hier schräg über den Rhein. Als Kind evangelisch erzogen, bin ich katholisch gefirmt worden und ging anschließend nach Dieburg bei Darmstadt auf das Bischöfliche Konvikt. Zusammen mit einem Haufen anderer Jungs. In einem düsteren alten Kasten, das waren nicht nur fröhliche Tage.«

»Mensch, Niklas, hast du gehört: ein Jesuit! Also ein zukünftiger Kollege von dir, oder ein ehemaliger? Ich bin verwirrt.« Alfred Delp nimmt sich erneut das Wort: »Ja, Niklas, tatsächlich war ich so alt wie du heute, 19 Jahre, als ich der ›Gesellschaft Jesu‹ beitrat. Unmittelbar nach dem Abitur. So wie du es in diesem Jahr 2000 vorhast. Damals war es 1926. Aufgrund der langen und umfangreichen

Studien, die bei uns üblich sind, verstrichen weitere elf Jahre bis zu meiner Priesterweihe 1937. Meine erste verantwortliche Seelsorgestelle nahm ich dann 1939 ein. Ihr wisst, in welchem Zeitraum wir uns da befinden?!«
»Es ist dieselbe finstere Zeit, die Edith Stein von ihrem Lehrstuhl, dann außer Landes und schließlich in den Tod getrieben hat«, murmelt Niklas. »Was hat Sie aber dazu gebracht, sich dem Bösen entgegenzustellen und damit Ihr eigenes Leben aufs Spiel zu setzen?« »Nun, es war die Lüge, die Dummheit, die Dreistigkeit und die Gewalt. Und noch vieles mehr. Dazu konnte und wollte ich nicht schweigen. Ich war schließlich nicht nur Gemeindepfarrer, sondern auch publizistisch tätig. Die Jesuiten-Zeitschrift ›Stimmen der Zeit‹ gibt es ja heute noch. Vor allem aber hatte ich mich dem Kreisauer Kreis angeschlossen und aktiv an der Planung einer Nachkriegsordnung, nach der Überwindung der Hitler-Diktatur, mitgearbeitet. Das wurde mir zum Verhängnis. Nach dem gescheiterten Attentat vom 20. Juli 1944 wurde ich in München verhaftet und in Berlin-Tegel inhaftiert. Da siehst du, Jana, endlich verlagert sich das Geschehen einmal in deine Heimatstadt. Ein halbes später wurde ich in Berlin-Plötzensee hingerichtet, durch den Strang.«

»Sie waren kein Jude, nicht unmittelbar in die Planungen des Attentats eingeweiht, also nicht einmal ein Mitwisser. Und dennoch das Todesurteil und seine Vollstreckung noch am selben Tag?« »Der Krieg neigte sich seinem Ende entgegen. Die Mächte des Bösen ließen nichts unversucht, alles niederzustrecken und auszurotten, was einer künftigen demokratischen Ordnung hätte dienen können. Mein Spezialgebiet war die Katholische Soziallehre, also die Frage nach einer gerechten Ordnung der Gesellschaft und einem fairen Interessenausgleich von Arbeitern und Unternehmern. Bei euch heißt dieses Konzept heute ›Soziale Marktwirtschaft‹; ihr müsst selbst entscheiden, ob meine Vorstellungen darin umfassend verwirklicht sind …«

»Auch wenn Sie offiziell kein Heiliger der katholischen Kirche sind«, wendet Jana fachkundig ein, »so sind Sie doch ein Märtyrer, ein Blutzeuge, der für seinen Glauben in den Tod gegangen ist.« »Beileibe bin ich damit nicht alleine; unabhängig von jeder Religion und Weltanschauung haben etliche mehr, Männer wie Frauen, diesen Weg gewählt. Sie haben widerstanden bis zuletzt. Dietrich Bonhoeffer, mein evangelischer Kollege, ist da das prominenteste Beispiel: ›*Von guten Mächten wunderbar geborgen*‹. Dieses Gedicht hat er in der Todeszelle geschrieben. Auch ich, mit Verlaub, bin im Gefängnis, also ›mit gefesselten Händen‹, zum Mystiker geworden. All das wurde uns nicht an unserer Wiege gesungen. Doch wenn sich alles zuspitzt, bis zum Äußersten, dann wird einem eine solche Entscheidung abverlangt. Und die Stimme des Versuchers ist allgegenwärtig: Mir wurde die Freiheit in Aussicht gestellt, wenn ich aus der Gesellschaft Jesu austräte. Im Gegenteil habe ich im Gefängnis, in Berlin-Tegel, meine letzte Profess abgelegt und mich damit unaufkündbar an den Orden angeschlossen.«

Niklas schluckt. »Es ist ja nicht so, dass ich in der Kirche Karriere machen will. Aber so ein ›SJ‹ hinter dem eigenen Namen sieht einfach genial aus. Das hat so was von Elitetruppe und intellektueller Speerspitze in einer bräsigen, langatmigen Volkskirche. Es ist der Wunsch, jemand besonderes zu sein. Und Sie hat es direkt in die Todeszelle und an den Galgen geführt.« Er schweigt einen Moment: »Auf jeden Fall ist es ein Ansporn, meine Motivation zu klären. Und meine Prioritäten.« Alfred Delp, der Märtyrer, der von seiner Kirche nicht zur höchsten Ehre der Altäre erhoben wurde, wendet seine Aufmerksamkeit nun aber Jana zu. Er fragt sie: »Denkst du, dass der Glaube an Gott, an eine höhere Welt, an ein ewiges Leben immer und zu jedem Zeitpunkt Sicherheit gibt, die eigene Überzeugung nicht aufzugeben? Sondern mutig zu sein, entschlossen und tapfer? Ich will ganz ehrlich zu dir sein. Nein, nicht immer und in jedem Augenblick. Doch im Letzten und im Äußersten trägt er, der Glaube. Es ist der Boden, den man niemals unter den Füßen verliert – selbst wenn man gehängt wird.«

Und an beide gewandt sagt er: »Ich will mich nicht wichtiger machen als ich bin. Ich bin nur einer von vielen. Da ist Rupert Mayer, da ist Karl Leisner, da ist die ›Weiße Rose‹ mit den Geschwistern Scholl und die kommunistische ›Rote Kapelle‹. Wir haben uns entschieden und sind standhaft geblieben. Aber wir haben uns diese Situation nicht ausgesucht. Niemand von uns dachte daran – zum Märtyrer zu werden ...«

Kapitel 5: Bernadette Soubirous

Erneut erfolgt eine heilige Wachablösung. Jana und Niklas nehmen es mittlerweile als etwas Gegebenes hin. Doch es tritt nun ein Unterschied ein, sogar in mehrfacher Hinsicht. Vor ihnen steht nun im Licht ein Mädchen im Teenageralter, offensichtlich jünger als sie selbst. Und auf den ersten Blick nehmen sie wahr: Hier haben sie es mit einer Person zu tun, die kaum weiter entfernt sein könnte von der Hochschullandschaft einer deutschen Universität in der ersten Hälfte des 20. Jahrhunderts, jener vergangenen Wirklichkeit, der sie eben zweimal begegnet waren.

Da ist also der optische Eindruck: Ein unscheinbares, wenig attraktives Mädchen in denkbar einfacher Kleidung. Soweit das überhaupt auf den ersten Blick feststellbar ist. Besonders aufgeweckt oder intelligent wirkt sie nicht. Sobald sie jedoch den Mund öffnet und zu sprechen anfängt, ist es offenkundig: Sie stammt nicht aus dem deutschen Sprachraum. Aber ist das Französisch, was sie spricht? Jana müsste es beurteilen können, denn sie hat immerhin seit der Mittelstufe die Sprache des westlichen Nachbarlands gelernt – im Gegensatz zu Niklas, der sich seinerzeit für das tote Latein entschieden hat. Mit mäßigem Erfolg, wie man weiß. Doch Jana wird aus diesem Französisch nicht schlau. Was auch kein Wunder ist, denn was sie hört, ist ein sehr spezieller Dialekt der Pyrenäen – halb Spanisch kann der einem vorkommen. Zudem merkt man gleich: Dieses Mädchen weiß sich nicht auszudrücken. Sie ist es schlichtweg nicht gewohnt, vor anderen, vor Fremden zu reden. Sie hat nach dem ersten Satz auch schon gleich wieder aufgehört: Es war wohl ihre Vorstellung, denn es fiel ihr bürgerlicher Name: Bernadette Soubirous.

»Die Seherin von Lourdes« entfährt es Niklas. Die Seherin steht jedoch nach wie vor wie ein Schulmädchen vor dem Pult der gestrengen Lehrerin und knetet nervös ihre jungen Hände, die aber schon Spuren harter körperlicher Arbeit aufweisen. Als sie den Ortsnamen »Lourdes« aus Niklas Mund vernimmt, läuft ein Streifen von Verständnis über ihr stumpfes Gesicht: »Oui, Lourdes.« »Wer oder was ist Lourdes?«, will Jana wissen. Niklas ist abermals für einen Augenblick fassungslos: »Lourdes ist ein Ortsname. Es liegt in den französischen Pyrenäen kurz vor der Grenze zu Spanien. Wahrscheinlich ist das alles sogar Baskenland. Es ist ein kleines Nest in den Bergen. Oder besser gesagt war es das bis 1858. Heute ist es der berühmteste Marien-Wallfahrtsort der Welt. Dieses Mädchen hat dort mehrere Male die Jungfrau Maria gesehen, die ›schöne Dame‹, die mit ihr gesprochen hat. Jedenfalls hat sie das behauptet. Nun, natürlich hat ihr anfänglich niemand geglaubt. Alle hielten sie für unzurechnungsfähig oder geltungssüchtig. Doch entsprang dort in einer Grotte eine Quelle, deren Wasser unheilbar Kranke gesund machen konnte. Auf einmal stand dieses Mädchen im Zentrum gewaltiger Auseinandersetzungen und weltanschaulichen Streits. Die gesellschaftliche und kulturelle Situation war damals in Frankreich gar nicht so viel anders als vor dem 1. Weltkrieg bei uns. Fortschrittsglauben, Vernunft, Religion als etwas, das völlig aus der Zeit gefallen ist. Und plötzlich kommt da ein einfaches Bauernmädchen aus der tiefsten, rückständigsten Provinz – und präsentiert allen seine ›Dame‹. Und die ›Dame‹ wirkt Wunder, die auch die Wissenschaft nicht bestreiten kann.«

Niklas hält inne. Er ist außer Atem nach seinem langen Vortrag. Bernadette hat ihn höflich, aber vor allem sehr respektvoll ausreden lassen. Nun aber interveniert sie. Und plötzlich sehen es Jana und Niklas: Wie bei einer Oper in italienischer Sprache wird die Übersetzung simultan eingeblendet. Sie müssen dem Mädchen, jener Bernadette, nur über den heiligen Schein schauen und sie erkennen die Sätze vor dem Hintergrund des dunkelblauen Vorhangs des Rokoko-Theaters eingeblendet: »Ich bin kein Bauernmädchen. Mein Vater war einst ein ehrbarer Müller. Leider hat er seine Anstellung verloren und wir mussten mit Mutter und meinen Geschwistern im ehemaligen Gefängnis leben. Es waren sehr niederdrückende Verhältnisse. Aber meine Eltern waren sehr achtbare Menschen.« Sie schweigt, nicht verstockt oder rechthaberisch. Sie schweigt, weil das ihre normale Ausdrucksform zu sein scheint. Ein Mädchen mit einem ungeahnt reichen Innenleben, aber ohne jeden Anspruch, ein Wesen um ihre eigene Person zu machen. Alle die Begleitumstände sind ihr augenscheinlich eher peinlich und unangenehm.

Niklas springt erneut ein: »Bernadette hatte Visionen. Gleich mehrfach. Sie fand Menschen, die ihr glaubten, Menschen, die sich ihr anschlossen. Mit ihr hatte immerhin die Muttergottes Maria gesprochen. Durchaus keine Kleinigkeit, zugleich ein Ding der Unmöglichkeit. Das, was auch wir manchmal von unseren Lehrern zu hören bekamen: jugendliche Überspanntheit, vielleicht illegale Rauschmittel, ein großes Komplott, um die Erwachsenenwelt lächerlich zu machen. Niemand von Rang und Einfluss hat ihr anfänglich geglaubt. Zuallerletzt die katholische Kirche selbst. Bernadette wurde hartnäckigen Verhören unterzogen, immer neu sollte sie abschwören, eingestehen, dass alles nur ein großer Schwindel war. Doch dann entsprang eben diese Quelle in der Grotte und schuf ihre eigenen Fakten, an denen niemand mehr vorbeikam: weder die Kirche, noch die Freimaurer, noch der französische Staat.«

»Woher weißt du denn so genau Bescheid darüber? Das ist selbst für deine Verhältnisse zu präzise.« Jana wird misstrauisch. »Steckst du etwa hinter diesem ganzen Zauber? Hast du dir diese Inszenierung ausgedacht? Und warum? Um mich zu missionieren etwa?« Allein dieser Verdacht bringt sie in Rage. »Du kannst das Hologramm jetzt ausschalten. Die Show ist vorbei.« Niklas beschwichtigt sie: »Nein, nein, ich habe mit alldem nicht das Geringste zu tun. Und du weißt, dass ich technisch dazu gar nicht in der Lage wäre. Es gibt ein Buch, einen Roman. Von einem jüdischen Schriftsteller, der auf der Flucht vor den Nazis nach Lourdes kam, um von dort über die Pyrenäen nach Spanien zu fliehen. Von dort nach Lissabon und über den Atlantik in die USA. Wenn er überleben sollte, würde er ein Buch über Bernadette schreiben, über ihr Lied. Das war Franz Werfel.«

Jana gibt sich mit der Erklärung zufrieden. Sie lenkt ihr Interesse auf das Mädchen, das vor ihr steht und nicht den Eindruck erweckt, als ob sie sich dabei wohlfühlt. »Was ist dann mit dir passiert, nach den Erscheinungen, nach der Quelle, nach diesem ganzen Trubel?« »Ich bin Nonne geworden«, sagt sie bescheiden. »Ich ging nach Nevers ins Kloster. Dort bin ich auch gestorben.« »Das ist die Kurzversion«, bestätigt Niklas. »Im Grunde hat sie aber keiner gefragt, was sie möchte. Sie musste aus der Schusslinie der Öffentlichkeit. Durch das, was ihr widerfahren war, kam es nicht infrage, dass sie fortan einfach ein normales Leben führte: also irgendwann heiratete, eine Familie gründete, dem täglichen Dorfklatsch ausgesetzt war. Sie musste weg, aus Lourdes und aus der Welt. Deshalb hat man sie ins Kloster gesteckt. Ob das in ihrem eigenen Sinne war, spielte dabei keine große Rolle. Man kann nur hoffen, dass sie dort glücklich wurde.«

Jana ist in ihrem Element: »Typisch katholische Kirche. Menschenrechte: Fehlanzeige. Frauenrechte: Was ist das? Mir ist schon klar, dass wir uns im 19. Jahrhundert befinden – aber das geht gar nicht!« Bevor Niklas in die Verlegenheit kommt, darauf etwas erwidern zu müssen, nimmt sich Bernadette selbst das Wort und die beiden Jugendlichen des Millennium-Jahrgangs lesen die Übersetzung mit: »Das sind eure Fragen. Das waren nicht meine Fragen. Und ich bin glücklich geworden in Nevers. So glücklich, wie es mir in diesem Leben bestimmt war. Die Dame hat es mir immerhin gesagt, das letzte Mal als ich sie in der Grotte sah und hörte: Ich würde warten müssen bis nach dem Tod. Es war in Ordnung so. Und jetzt möchte ich wieder gehen.« Sie zögert einen Augenblick – »Wenn ihr erlaubt?«

Kapitel 6: Johannes Bosco

Die heilige Bernadette verschmilzt wieder mit der Herrlichkeit. Anders kann man es gar nicht ausdrücken. Der geringe Kontrast vor dem Licht löste sich einfach auf – und an seine Stelle tritt – kantig und scharf abgezeichnet – eine schwarze Soutane, das frühere Alltagsgewand der Weltpriester und mancher Ordensgeistlicher. Dieses Mal braucht Niklas keine Sekunde, um sachlich zur Kenntnis zu geben: »Das ist der heilige Don Bosco. Wenn uns eine Europatournee der Heiligen bevorsteht, dann sind wir jetzt in Italien angekommen. Und zumindest bleiben wir vorerst im 19. Jahrhundert.« Und er setzt gleich schelmisch hinzu: »Wenn ich dein Misstrauen damit nicht erwecke, kann ich gleich noch ein paar Stichworte mehr zu ihm auflisten: Turin, Klassengesellschaft, Kinder in prekären Verhältnissen, eine große Sozial- und Bildungsinitiative, schließlich auch Mission unter anderem in Südamerika.«

Jana hakt dort ein, worauf Niklas in diesem Augenblick keinen Gedanken verschwendet hätte: »Kinder in prekären Verhältnissen? Du weißt schon, dass es nicht nur in staatlichen DDR-Horten Kindesmissbrauch gegeben hat? Dass sich deine Kirche hier mal nicht eine ganz schlimme Blöße gibt – wenn nicht jetzt, dann vielleicht in zehn oder zwanzig Jahren!« Niklas braust auf: »Hallo, hier steht ein Heiliger, *der* Volksheilige Italiens. Du kannst doch nicht mit solchen Unterstellungen daherkommen!« Er ist ernstlich empört. Doch Don Bosco greift diese Verteidigung nicht auf, ja bedankt sich nicht einmal bei dem jungen Mann, der sich da so für ihn ins Zeug legt. »Die junge Frau hat völlig recht. Sie legt ihre Hand in eine riesige, klaffende Wunde. Du wirst noch sehen, in deiner nahen Zukunft, wie diese Sünde der Kirche Millionen Menschen von Gott forttreiben wird. Und du wirst erfahren, wie viele, viele Tausend genau solche Gewalt, solchen Missbrauch erleiden mussten: in der Kirche, durch Männer und Frauen der Kirche. Doch machen wir uns nichts vor: Es waren immer wieder *wir* – Männer der Kirche und vorgeblich Männer Gottes.«

Jana und Niklas sind gleichermaßen erschrocken. Sie ermessen gar nicht, wie groß die Frage ist, die hier eröffnet wurde. Sehr verlegen versucht Niklas, das Gespräch in unverfängliche Bahnen zu lenken. »Es stimmt doch, dass Sie sich um Straßenkinder in der norditalienischen Industriestadt Turin gekümmert haben? Dass Sie sie von der Straße geholt und ihnen ein Obdach gegeben haben? Dass diese Kinder durch sie einen Zugang zu Bildung und auch zu religiöser Erziehung erhielten? Dass Sie diese Kinder nie unsittlich angerührt haben, dass diese Kinder Sie aber geliebt haben – wie einen Vater, da sie den eigenen oftmals nicht kannten, als einen wirklichen Vater, der Sie für sie gewesen sind?« Johannes Bosco hebt abwehrend die Hand: »Du musst mir den ganzen Lorbeer nicht flechten. Ich bin doch schon längst heiliggesprochen.« Ernst und froh zugleich setzt er jedoch hinzu: »Du hast schon recht mit dem, was du sagst. Denn es ist genau diese Schönheit, dieses Wunder, auch diese Freude, die mein Dasein hier auf der Erde geprägt haben. Nicht irgendwo auf der Erde: Ein solcher Heiliger, wie ich es wurde, konnte nur in Italien dazu werden. Es liegt mir fern, mich damit zu brüsten, aber in mir hat Gott selbst die Seele meines Heimatlandes geheiligt. Wie zuvor schon beim heiligen Franziskus von Assisi. Das ist etwas sehr Seltenes und Besonderes. Wie bei euch Deutschen Edith Stein. Ihr habt es nur noch nicht verstanden …«

Es entsteht eine kurze Pause. Als Johannes Bosco fortfährt, tut er das mit bewusster Leichtigkeit: »Wisst ihr:

Was mir wirklich und von Anfang an den Zugang zu jungen Menschen verschafft hat, war der Humor, die Akrobatik, das Spiel. Es ist ja kein Vorrecht des italienischen Volkes, Menschen mit Freundlichkeit und guter Laune zu gewinnen. Es muss doch nicht immer bierernst und schicksalsschwer zugehen: Der Anflug eines Lächelns, ein ansteckendes Lachen, auch nur eine andeutungsweise hochgezogene Augenbraue – bewirken manchmal wahre Wunder! Und Wunder, die hat es in meinem Leben durchaus und nicht wenige gegeben.«

Jana will es genauer wissen: »Was für Wunder? Erzählen Sie mal!«. Don Bosco überlegt: »Es gibt Wunder, für die ich unter anderem heiliggesprochen wurde: als Beleg, als Beglaubigung, dass meine Kraft von Gott herrührte. Die Kirche muss das ja gewissenhaft überprüfen. Das ist bei allen Heiligsprechungen so, wo nicht das Martyrium die Sache bereits geklärt hat. Wer nicht für Christus den Tod erleidet, ihn also wissentlich und freiwillig auf sich nimmt, der muss durch ein oder mehrere Wunder nachweisen, dass alles ›echt‹ ist und von Gott herkommt. Strenggenommen müssen sich diese Wunder dann auch erst nach dem Tod des möglichen Heiligen ereignen und von der Kirche bestätigt werden. Ein aufwändiges Verfahren, sehr deutsch eigentlich. Nein, eher römisch – was nicht besser ist.«

Doch Jana ist für solche Unterscheidungen nicht zu haben. Mehr noch, sie entziehen sich zur Gänze ihrem Verständnis. Sie möchte harte Fakten, approbierte Wunder mit vatikanischem Gütesiegel sozusagen. Johannes Bosco kommt ihr einen Schritt entgegen, im übertragenen Sinn natürlich nur. »Weißt du, als ich noch ganz am Anfang meines priesterlichen Weges stand und bevor die Turiner Straßenkinder mir begegneten und ich in ihnen meine eigentliche Berufung fand, war ich als Seelsorger für die Insassen eines Gefängnisses zuständig. Wirklich schwere Jungs, Mehrfachstraftäter, Rückfällige. Ich ging ohne Vorbehalte auf sie zu und versuchte, ihnen die Zuwendung und Vergebungsbereitschaft Gottes zu zeigen, so wie ich sie selbst verstand: ohne Schranken, ohne Hindernisse, durch reine Gnade. Und auf der anderen Seite natürlich die menschliche Bereitschaft, sich gerade deswegen auf das Wagnis der Umkehr, der Besserung einzulassen. Eines Tages bat ich den Gefängnisdirektor, mit den Gefangenen einen Ausflug machen zu dürfen, ein Picknick unter freiem Himmel. Der Direktor erklärte mich für verrückt und wollte mir die Erlaubnis verweigern. Nachvollziehbar so weit. Aber ich ließ nicht locker und er gab schließlich sein Einverständnis.«

»Und, wie ging die Sache aus?« Jana hängt an seinen Lippen. »Nun, ich ging in die Zellen und teilte den Gefangenen mit, sie dürften für ein paar Stunden nach draußen. In meiner Begleitung, aber ohne weitere Aufsicht. Ich würde ihnen vertrauen und bäte sie wiederum mein Vertrauen dadurch zu rechtfertigen, dass sie alle beisammenblieben, keiner einen Fluchtversuch unternähme und wir am späteren Nachmittag mit exakt derselben Personenzahl ins Gefängnis zurückkämen, mit der wir es am Vormittag verlassen würden. Und so kam es: Keiner von ihnen kam abhanden, niemand schlug sich in die Büsche. Am Abend waren alle wieder da und saßen froh und friedlich in ihren Zellen. Der Gefängnisdirektor erlitt beinahe einen Nervenzusammenbruch. Vor Erleichterung, denn während unseres Ausflugs waren ihm doch erhebliche Zweifel gekommen und er fürchtete um seinen Posten. Aber das ist nur eine Episode aus meiner Frühzeit. Handfeste Wunder könnte ich auch liefern, doch vielleicht braucht es das ja gar nicht.«

Niklas schaltet sich wieder ein: »Sie waren doch zuerst Weltpriester, das heißt, Sie gehörten zu einem Bistum, zu einem italienischen Bischof. Aber dabei blieb es nicht, oder?« Johannes Bosco nickt: »Im Laufe meines Wirkens gründete ich eine eigene Ordensgemeinschaft: Die

›Salesianer Don Boscos‹. Also das ›Don Bosco‹ haben sie natürlich erst nachträglich drangehängt. Salesianer nannte ich diese Gemeinschaft in Rückbezug auf den heiligen Franz von Sales, der in der frühen Neuzeit um den Genfer See herum tätig war. Es gab zunächst die ›Salesianer‹, später dann auch die ›Salesianerinnen‹. Ich schickte sie in alle Welt. In nächtlichen Träumen sah ich hilfsbedürftige Eingeborene, die mir zuwinkten, zu ihnen zu kommen, ihnen beizustehen und ihnen den christlichen Glauben zu bringen. Am Tage forschte ich nach, was die landschaftliche Umgebung im Traum und die Bekleidung der Wilden an geografischen Rückschlüssen zuließ und konnte zum Beispiel auf diese Weise das Volk der Selk-Nam auf Feuerland lokalisieren.«

»Das 19. Jahrhundert scheint mir durch riesige Unterschiede und Ungleichzeitigkeiten geprägt zu sein«, referiert Niklas. »Da sind Sie mit Ihrer Mission nach Innen und Außen, da ist Bernadette Soubirous, der wir gerade vor Ihnen begegnet sind. Da ist Therese von Lisieux und der heilige Pfarrer von Ars. Wie soll man euch alle nur auf einen Nenner bringen? Wo bleibt da die klare Linie, der rote Faden?« Don Bosco lässt sich auf diese Diskussion nicht ein: »Es gibt so viele Wege zur Heiligkeit, wie es Menschen gibt. Das kann man nicht gegeneinander aufwiegen oder gar gegeneinander ausspielen. Doch dein Blick auf mein Jahrhundert, meine Jahrhunderthälfte, ist noch ziemlich verkürzt und unvollständig. Es gibt da noch jemanden, den ihr unbedingt kennenlernen solltet. Wartet einen Augenblick – er ist gleich da ...«

Kapitel 7:
Damian de Veuster

Ich bin Damian de Veuster«, lässt sich eine Stimme vernehmen, noch bevor die Gestalt im Licht überhaupt klar sichtbar wird. Einstweilen ist nur die Silhouette eines Mannes zu erkennen. Jana sieht Niklas erwartungsvoll an. Doch dieser flüstert nur: »Dieses Mal muss ich passen. Ich weiß auch nicht, wer das ist. Dem Namen nach könnte es ein Niederländer oder Belgier sein.« Die Stimme wird eine Spur ungnädig: »Mit Verlaub, ich bin Flame.«

Nun sehen sie nicht nur seine Umrisse, sondern haben den heiligen Damian uneingeschränkt vor Augen. Was sie da zu Gesicht bekommen, erschreckt und ekelt sie: Der Heilige ist gezeichnet, beinahe entstellt von einer Vielzahl von Beulen, von denen manche gar aufgeplatzt sind und ein eitriges Sekret absondern. Niklas und Jana sprechen es aus Höflichkeit nicht aus, aber sie sind heilfroh, dass das Spektakel der »Laterna Mystica« ein rein optisches ist, und kein Geruch an ihre Nasen dringt.

»Mein Gott, was ist denn mit Ihnen passiert?«, entfährt es Jana. Sie merkt nicht einmal, dass dieser Ausruf aus dem Munde einer selbsterklärten Atheistin etwas eigentümlich klingt. »Ja, ganz zum Schluss habe ich mich doch noch angesteckt. Es glich einem Wunder, über wie lange Zeit hinweg mich die Lepra verschont hat. So aber konnte ich mein Werk tun, mit Gottes Hilfe, bis zum Ende.« Auch Niklas ist benommen: »Das sieht für mich aber mehr nach Pestbeulen aus! Wo um Himmelswillen haben Sie sich das eingehandelt?«

»Nun, mich würde es nicht wundern, wenn du und deine Freundin genau dort einmal eure Flitterwochen verbringen würdet. Es war in Hawaii.« Niklas merkt, dass es jetzt wenig Sinn hätte, den heiligen Damian über ihren Beziehungsstatus aufzuklären. Deshalb fragt er einfach nach: »Die Urlaubsinsel? Das Paradies im Pazifik?« »Für die Menschen, bei denen ich gelebt habe, war es weitaus eher die Hölle. Die Hölle auf Erden. Alle Infizierten wurden auf die Insel Molokai verbannt, ja zwangsweise dorthin deportiert – und sich selbst überlassen. Sie verfaulten dort, im vorgeblichen Paradies, bei lebendigem Leibe.«

»Wie konnten die USA das nur zulassen! Das ist mal wieder typisch: Zuhause fromm bis zum Anschlag und eine solche Sauerei im Hinterhof.« Jana schüttelt sich. Doch Pater Damian interveniert: »Du verwechselst die Epoche. Die Amerikaner waren damals zwar schon einflussreich, doch Hawaii war formell ein unabhängiger Staat. Mit einem Kaiser an der Spitze. Wir bewegen uns ja in der zweiten Hälfte des 19. Jahrhunderts. Fraglos war es aber ein grausames, menschenverachtendes System. Es diente der Quarantäne; jede Infektion sollte verhütet werden – auch um den Preis der Menschlichkeit. Wartet ihr beiden nur noch mal zwanzig Jahre ab. Dann werdet ihr euch selbst bei euch zuhause mit solchen ethischen Grenzfragen befassen müssen.«

Die beiden Jugendlichen sind ratlos. Auf diese letzte Bemerkung des Heiligen können sie sich keinen Reim machen. Niklas greift den vorherigen Gesprächsfaden wieder auf: »Und Sie? Sind sie selbst ebenfalls auf diese Insel verbannt worden, oder sind sie freiwillig dorthin gegangen – zu den Aussätzigen?« »Ich stünde wohl kaum als Heiliger vor euch«, entgegnet Damian de Veuster, »wenn mich nur ein blindes Schicksal an diese verfluchte Küste gespült hätte. Nein, ich bin sehenden Auges in diese innere Kammer der Hölle gegangen. Und ich habe dort menschliche Wesen angetroffen: verletzlich, verunsichert, hilfsbedürftig, aber doch nicht von Gott verlassen. Dafür wollte ich Zeuge sein! Diese Menschen sollten von ihren gesunden Mitmenschen zu Monstern gemacht werden, derer man sich entledigt und die man völlig sich selbst überlässt, bis die Seuche sie verschlungen hat. Doch eines bedachten sie nicht: Dass der gekreuzigte Christus eben an der Seite dieser entmenschlichten Menschen war. Und ich durfte dort und ihr demütiger Diener sein.«

»Aber wie hat das praktisch funktioniert: ohne Krankenhaus, ohne Ärzte und Schwestern, ohne Medikamente?« Niklas lässt diese Frage keine Ruhe. »Die ganze Insel war das Krankenhaus, der Arzt war Christus, die Schwestern und Pfleger waren jene, bei denen die Lepra noch nicht mit aller entstellenden Grausamkeit ausgebrochen war. Die Kapellen habe ich eigenhändig errichtet mit dem, was die Natur selbst mir zur Verfügung stellte. Und die Medikamente – nun ich bin Priester und an den Tröstungen der Kirche fehlte es bei uns zuallerletzt.« Niklas beugt sich zu Jana hinüber: »Er meint die Beichte, die heilige Kommunion und die Krankensalbung.« Pater Damians Ohren sind äußerlich schwer von der Seuche in Mitleidenschaft gezogen, doch ihm ist diese Erläuterung nicht entgangen. »Ja, wir saßen in der Hölle auf Erden, aber wir sind wie Schwestern und Brüder miteinander umgegangen und ich habe die Sakramente treu verwaltet.«

Jana zieht die Unterhaltung, der sie angesichts des codierten Vokabulars immer schwerer folgen kann, auf eine andere Ebene. Sie erkundigt sich: »Pater Damian. Ich habe in dieser seltsamen Nacht schon verschiedene Mönche kennengelernt, mehr als in den 19 Jahren zuvor. Da gab es Jesuiten und Salesianer und ich wette, neben Karmelitinnen gibt es auch männliche Karmeliten. Wohin gehören denn Sie? Oder haben Sie auch ihren eigenen Orden gegründet?« Pater Damian schmunzelt. »Nein, mein Kind. Ich bin zwar ein Märtyrer der Mitmenschlichkeit, aber ich bin kein Ordensgründer. Ich gehöre zu den ›Missionaren von den Heiligsten Herzen Jesu und Mariä‹. Ich gebe zu, das ist etwas umständlich.

In Deutschland nannte man uns kurz ›Arnsteiner Patres‹, nach einer Klosterburg hoch über der Lahn zwischen Limburg und Bad Ems.«

Nach einer kurzen Unterbrechung und vielleicht einem Nachsinnen über die Geografie deutscher Fließgewässer fügt er hinzu: »Ich will euch aber noch auf etwas stoßen, das euch gleich vor der Nase liegt. Vor eurer Nase, die nicht das einatmen muss, was ich über so viele Jahre eingeatmet habe, bis ich es schließlich nicht mehr roch.« Man merkt, dass Pater Damian bereits im Begriff ist, sich langsam zurückzuziehen, wieder ins Licht zurückzukehren. Er setzt aber noch einmal neu an: »Wenige Kilometer von eurer Heimatstadt Speyer entfernt liegt auf der anderen Rheinseite das Städtchen Heppenheim an der Bergstraße. Dort ist Marianne Koob geboren. Als Kleinkind kam sie mit ihren Eltern Mitte des 19. Jahrhunderts in die USA. Als erwachsene Frau wurde sie Nonne. Als sie bereits viele Stationen ihres Ordens durchlaufen und sogar dessen Leitung innegehabt hatte, ging sie so wie ich nach Hawaii, auf meine Insel, auf der ja immer noch dasselbe schwere Schicksal lastete, hin zu den Aussätzigen. Sie ist eine wahre Schwester im Geiste. In der liebenden Erinnerung der Menschen lebt sie weiter als *Mother of Molokai.*«

Jana denkt es nur; sie spricht es nicht aus: »So schwer sich die katholische Kirche auf Erden mit der Gleichberechtigung tut, so wenig Probleme scheint sie damit bei ihren Heiligen zu haben.« Noch bevor ihr dieser Gedanke durch den Kopf gehuscht ist, ist der heilige Damian schon entschwunden. Doch das Licht bleibt.

Kapitel 8:
Friedrich Spee

Diesmal dauert es einige Momente länger, bis die Gestalt aus dem Licht heraustritt. Eine kraftvoll-melodische Stimme verkündet: »Mein Name war Friedrich Spee«. Niklas reißt sich zusammen: »Jana, wir haben gerade fast 250 Jahre auf einmal übersprungen. Und eines ist jetzt endgültig klar – die Reise geht definitiv zurück in die Vergangenheit.« Bevor Jana eine Chance hat, etwas darauf zu erwidern, hat sich Friedrich Spee erneut eingeschaltet. »Nicht in die Vergangenheit, in den Ursprung des Lichts, zum Ausgangspunkt!«

»Ich will es gleich vorausschicken«, lässt er sich weiter vernehmen, »ich bin kein Heiliger. Ich war lediglich ein treues Mitglied der Gesellschaft Jesu. Und ein Dichter. Dies wohl vor allem.« »Wahnsinn, noch ein Jesuit. Das wird ja immer besser«, frohlockt Niklas. An den eingestandenermaßen nicht heiliggesprochenen Mann gerichtet sagt er: »Stellen Sie mal nicht ihr irdisches Licht unter den himmlischen Scheffel: Sie haben auch Rechtsgeschichte geschrieben mit ihrem berühmten Buch gegen die Hexenverfolgungen. Und wie Pater Damian haben auch Sie Leprakranke gepflegt. Sie haben sich sogar ebenfalls bei ihnen angesteckt. Und als Sie starben, waren Sie noch beileibe keine 50 Jahre alt.« »In meinem Fall waren es tatsächlich an der Pest Erkrankte, um die ich mich kümmerte. Doch es war auch ansonsten eine schreckliche Zeit: Der Dreißigjährige Krieg tobte in allen deutschen Landen. Nirgendwo konnte man sich seines Lebens sicher sein: nicht in Trier, nicht in Köln, nicht in Paderborn, nicht in Mainz, nicht in Worms, nicht in Speyer ...«

»Sie haben auch in Speyer gelebt?« Die gebürtige Ost-Berlinerin Jana freut sich, als habe auch ihre Wiege schon am Rhein gestanden. »An all diesen Orten, die Sie eben aufgezählt haben, haben Sie gelebt?«, möchte sie wissen. »Ja, ich bin innerhalb meines Vaterlandes weit herumgekommen. Doch du musst bedenken, dass dieses Vaterland fürchterlich zerrissen war. Nicht nur politisch, sondern vor allem auch religiös, konfessionell. Mancherorts wurde ich sogar körperlich angegriffen, weil ich ein sogenannter Papist war, ein Büttel der katholischen Gegenreformation. Das war noch vor dem großen Krieg, der 30 Jahre lang andauern sollte. Doch die Beziehungen zwischen der römischen Kirche und den selbsterklärten Protestanten waren schon ganz und gar zerrüttet. Im Heiligen Römischen Reich Deutscher Nation rangen Evangelische und Katholische um die Vorherrschaft. Seit Martin Luther ein Jahrhundert zuvor galt die Regel: Der Kaiser und mit ihm Österreich, Bayern, Köln, Trier, Köln und Mainz und einige mehr hielten zum Papst und zur einzig wahren Kirche; Sachsen, Brandenburg, der Großteil der freien Reichsstädte hingegen folgten der Reformation. Außerdem die Schweiz, aber das wäre hier ein eigenes Kapitel. Als ob das alles nicht schlimm und verworren genug gewesen wäre, griffen nach und nach Schweden und Frankreich ins Kriegsgeschehen ein: das katholische Frankreich zugunsten der evangelischen Reichsstände. Es war, als wäre der leibhaftige Drache der Apokalypse entfesselt worden!«

Dieses Mal hat Jana wenig Verständnisschwierigkeiten. Immerhin hatte sie in der Mittelstufe die Geschichts-AG besucht. Die Umstände des Dreißigjährigen Krieges zwischen 1618 und 1648 sind ihr also durchaus geläufig. Nur wäre sie in Erklärungsnöte geraten, hätte sie jemand aufgefordert, die Glaubensdifferenzen und Lehrunterschiede zwischen Katholiken und Protestanten im Einzelnen zu erläutern. Luther war ihr natürlich ein Begriff, doch schon bei den Schweizern Johannes Calvin und Huldreich Zwingli wäre sie unweigerlich ins Schleudern geraten. Um sich also hier keine Blöße geben zu müssen, fragt sie in anderer Richtung nach: »Was meinte Niklas, als er sagte, Sie hätten einen Beitrag zur europäischen Rechtsgeschichte geleistet? Ging es da auch um Glaubensfragen? Oder stand das mehr in einem weltlichen Kontext?«

Friedrich Spee strafft sich, soweit man das bei einer Gestalt aus Licht überhaupt so angemessen sagen kann. Sein Gesichtsausdruck aber ist unglücklich: »Wie alles in meinem Zeitalter war es beides zugleich und alles hing mit allem zusammen. Alle waren gleichermaßen verblendet, wenn es um den Hexenwahn ging. Deshalb habe ich die *Cautio Criminalis* ja verfasst. Doch selbst in meinem eigenen Orden bekam ich deshalb gehörige Schwierigkeiten. Meine Schrift konnte deshalb zunächst nur anonym erscheinen. Es gab sogar Bestrebungen, mich aus der Gesellschaft Jesu herauszuschmeißen. Die euch bekannte aufgeklärte und liberale *Societas Jesu* von heute: Die sollte sich erst nach der zwischenzeitlichen Aufhebung des Ordens ab der Mitte des 20. Jahrhunderts entwickeln.«

Das waren für Jana zu viele Informationen auf einmal. »Sie haben gegen die Hexenverfolgung gekämpft, als Vertreter der katholischen Kirche?« Und an Niklas gewandt, fragt sie: »Deine Jesuiten sind einmal verboten worden. Warum denn?« Niklas fasst sich so kurz wie möglich: »Das war im 18. Jahrhundert. Frag nicht nach den Details. Es ging wahrscheinlich wie immer um Macht und Politik. Und nicht um das Evangelium und die Suche nach dem Reich Gottes ...« Doch er ist zu begierig, Friedrich Spee weiter zuzuhören und blickt ihn erwartungsvoll an. »Wie war das mit den Hexenverfolgungen? Darüber wird ja, rückblickend, auch in unserer Zeit noch heftig diskutiert.«

Die Miene des Jesuitenpaters hat sich zwischenzeitlich nicht aufgehellt. »Alle waren sie verstockt und verblendet. Und dumm obendrein. Es ging zentral um die Wirksamkeit der Folter – um die Frage, ob Geständnisse, die unter der Folter abgelegt worden waren, juristisch verwertbar seien.« Friedrich Spee macht eine kurze Pause: »Das sind sie natürlich nicht! Jeder würde unter der Folter alles Mögliche gestehen, nur um diesen Qualen zu entrinnen.« Wieder unterbricht er sich. »Und zwingt mich nicht dazu, die Methoden aufzuzählen, mit denen damals versucht wurde, den vielen Frauen und einigen Männern zu entlocken, wo sie es mit dem Satan und seinen Dämonen getrieben oder welchen Schadzauber sie gegen ihre Nachbarn verhängt hatten.«

Für einen heiligmäßigen Menschen zeigt sein Gesicht nun einen geradezu depressiven Ausdruck. »Bei alledem müsst ihr bedenken, dass dies ein Wahn war, der sich gleichermaßen auf alle legte. Und umgekehrt konnte jeder von der Unterstellung der Hexerei betroffen sein. Ob evangelische oder katholische Obrigkeit, das spielte dabei überhaupt keine Rolle. Das Verhängnis lag auf allen und ich wollte mit meiner Schrift dieses wahnhafte Gespinst entfernen. Freilich musste ich dabei zugleich sehr vorsichtig sein, um mir nicht selbst den Vorwurf der Hexerei zuzuziehen. Die Welt stand Kopf und sie stand gleichzeitig am Abgrund. Dann stürzte sie in jenen Krieg, der drei Jahrzehnte lang andauern sollte und dem jede Übereinkunft, jedes wechselseitige Verständnis fremd war. Bis schließlich die Mitte Europas nahezu vollständig ausgeblutet war …«

Jana ist ein empathischer Mensch. Selbst in der Ausnahmesituation dieser merkwürdigen Nacht. Und so erkundigt sie sich freundlich, um ihr Gegenüber auf andere Gedanken zu bringen: »Wie war das mit ihrer Lyrik, mit ihrer Poesie? Niklas erwähnte vorhin, Sie seien auch ein Dichter gewesen.«

Und wirklich: Die Gesichtszüge von Friedrich Spee werden freundlich, ja so etwas wie beseelt. Ganz offensichtlich ist da eine Saite in ihm angeschlagen, die ihn ebenso ausmacht wie der beschwerliche und gefährliche Kampf gegen eine Massenhysterie, die sozusagen »ökumenisch« gewesen war. »Die Gedichte, die Texte für die Gemeindelieder: Es ist so schön zu wissen, dass Vieles davon die Jahrhunderte überdauert hat und noch heute in deutschen Kirchengemeinden gesungen wird. Der Gedichtband, meine ›Trutznachtigall‹, steht dabei ungerechterweise etwas im Schatten der Aufmerksamkeit. Wie gerne hätte ich das Büchlein schon in meinen irdischen Händen gehalten, doch es ist erst nach meinem Tod veröffentlicht worden. Die Lieder hingegen, ja es will scheinen, dass sie die Zeiten überdauern werden.«

Der tote Dichter und sehr lebendige Zeuge Christi scheint den Wunsch Janas zu erahnen und nimmt seine Erfüllung vorweg, bevor sie ihn selbst äußern kann. Er verweist mit einer bescheidenen Geste auf jene Hilfe, die zuvor schon Bernadette Soubirou, Johannes Bosco und Damian de Veuster für ihre Simultanübersetzung genutzt haben. Dort laufen die Buchstaben hintereinander ab und bilden Worte, die bald darauf wieder verschluckt werden. Im Stil eines Moderators führt Friedrich Spee ein: »Dieses erste Lied passt eigentlich sehr gut in diese Nacht und auch zum heutigen Anlass. Es handelt sich dabei um ein Allerheiligen-Lied. Hier nun die erste Strophe in ihrer modernen, also der euch geläufigen Fassung: *Ihr Freunde Gottes allzugleich / verherrlicht hoch im Himmelreich / erfleht am Throne allezeit / uns Gnade und Barmherzigkeit / Helft uns in diesem Erdental / dass wir durch Gottes Gnad und Wahl / zum Himmel kommen alllzumal.*

Sehr schön finde ich aber auch immer noch mein Adventslied.« Wieder setzen sich die Buchstaben in Bewegung: *»O Heiland reiß die Himmel auf / herab,*

herab vom Himmel lauf / Reiß ab vom Himmel Tor und Tür / reiß ab wo Schloss und Riegel für.«

Nun scheint das düstere Kapitel des Hexenwahns für Friedrich Spee tatsächlich überwunden zu sein. Denn voll Eifer setzt er hinzu: »Es gibt darin eine Strophe, die scheint wie für diese Stunde gemacht. Seht selbst. Die Melodie müsst ihr euch natürlich dazu denken: *O klare Sonn, du schöner Stern / dich wollten wir anschauen gern / O Sonn, geh auf, ohn deinen Schein / in Finsternis wir alle sein.«*

Der Dichter kommt immer mehr in Fahrt: »Oder was haltet ihr davon? Das ist aus einem Osterlied.« Erneut spulen sich die Buchstaben und Wörter ab: *Die ganze Welt, Herr Jesus Christ, Halleluja / in deiner Urständ fröhlich ist, Halleluja / Es singen jetzt die Vögel all, Halleluja / jetzt singt und klingt die Nachtigall, Halleluja.*

Ein letztes möchte ich euch auch noch zeigen. Ach, es gäbe so viel mehr. Aber ihr seid zwei Deutsche und ihr wisst hoffentlich, wer euer himmlischer Schutzpatron ist?« Niklas und Jana schweigen betreten. Beide sind sie ahnungslos, scheuen aber das Eingeständnis angesichts des euphorisierten Poeten. Doch dieser hat gar keine Antwort abgewartet. Wieder schnurren die Buchstaben auf ihrer Vorrichtung: »*Unüberwindlich starker Held / Sankt Michael / Komm uns zu Hilf, zieh mit zu Feld / Hilf uns im Streite, zum Sieg uns leite / Sankt Michael.«*

Offenbar schauen die beiden Jugendlichen recht ratlos drein. »Michael, der Erzengel, der Patron der deutschen Nation? Ja, lernt ihr denn heute in der Schule gar nichts mehr?« »Ach so, der deutsche Michel. Dass der was mit dem Erzengel zu tun hat, habe ich tatsächlich nicht gewusst.« Niklas möchte Friedrich Spee nicht noch mehr Grund zur Enttäuschung geben. Deshalb ist er froh, dass nun nicht nur die Schrift verlischt, sondern sich auch das Bild des Heiligen auflöst und im Licht der Laterna Mystica hinter ihm verschwindet.

Kapitel 9: Mary Ward

So präzise wie bei der *changing of the guards* vor dem Buckingham Palace in London hat sich die nächste Wachablösung vollzogen. Und dieser Eindruck stellt sich nicht von ungefähr ein: »Ich bin tatsächlich Engländerin«, lässt sich eine weibliche Stimme vernehmen. Doch diese Stimme spricht Deutsch. Es mag das Deutsch des 17. Jahrhunderts sein, aber Niklas und Jana hören zweifelsfrei ihre Muttersprache. Noch vor jeden weiteren Erkundigung nennt die Gestalt ihren Namen: »Ich heiße Mary Ward.« Nach einer kurzen Unterbrechung fügt sie hinzu: »Um es von meiner Seite aus gleich klarzustellen: Auch ich bin bislang nicht von der Kirche heiliggesprochen worden.«

Jana und Niklas fangen gleichzeitig an zu sprechen. Ihr Interesse führt allerdings in zwei unterschiedliche Richtungen. Jana fragt nach: »Wie kommt es, dass Sie so hervorragend Deutsch sprechen?« Demgegenüber möchte Niklas wissen: »Stimmt es, dass Sie eigentlich einen Jesuiten-Orden für Frauen gründen wollten?« Mary Ward wendet sich zunächst Jana zu. »Das ist schnell beantwortet. In England wurden wir Katholiken damals blutig verfolgt. Die meiste Zeit meines Lebens habe ich deshalb auf dem Kontinent zugebracht: in Frankreich, Bayern, in Rom. Auch diese Sprachen beherrsche ich hinreichend.« Und zu Niklas sagt sie: »Nun, deine Frage ist reichlich direkt. Aber sie trifft in die Herzmitte meiner Mission und meiner Berufung. Nur bin ich leider damals damit gescheitert, vorerst jedenfalls. Die Kirche war seinerzeit noch nicht so weit. Es mussten noch Jahrhunderte ins Land gehen, bis meine Gemeinschaft dort anlangte, wo ich sie schon von Anfang an gesehen und gewünscht hatte.«

»Was meinen Sie damit?« Jana ist zwar nach wie vor reichlich wenig an der Geschichte katholischer Ordensgemeinschaften interessiert, aber eine feministische Seite in ihr ist empfindlich berührt. »Sie durften zu Ihrer Zeit nicht die Art Gemeinschaft gründen, die Sie sich vorstellten? Wie konnte man Ihnen das verbieten und warum?«

»Das war ein sehr schmerzlicher Prozess.« Mary Ward wirkt angestrengt. Trotz der Gloriole, in der sie steht, sind die Spuren jahrzehntelanger Strapazen in ihrem Gesicht, an ihrer Haltung abzulesen. »Formal ging es um die Frage, ob die Schwestern die Klausur halten müssen oder nicht.« Wiederum flüsternd betätigt sich Niklas als Übersetzer: »Das meint, ob die Schwestern im Kloster eingesperrt waren oder sich frei außerhalb bewegen durften.« »Ja, reichlich verkürzt lief es auf diese Fragestellung hinaus. Man intrigierte von Anfang an und trug auch dem Papst falsche Informationen zu, um mein Projekt zu hintertreiben. Mehrfach reiste ich zu Fuß nach Rom, verbrachte insgesamt mehrere Jahre dort, befand mich dort zeitweise sogar in Hausarrest. Es war eine große Prüfung! Aber unterdessen hatten sich bereits mehrere Niederlassungen in Mitteleuropa gegründet, vor allem im Herzogtum Bayern. Meine Gemeinschaft wuchs, sie kam ins Blühen und wurde doch immer wieder brutal niedergetreten.«

Mary Ward seufzt schwer. Die von ihr erlittenen Anstrengungen werden auch vom himmlischen Leuchten hinter ihr nicht gänzlich überstrahlt. Niklas versucht es noch einmal behutsamer: »Wenn ich recht weiß, wurden Ihre Schwestern ›Englische Fräulein‹ genannt, weil Sie selbst, die Gründerin, englischer Herkunft waren. Ihr eigenes Bestreben ging aber doch wohl von Anfang dahin, einen weiblichen Zweig der Jesuiten ins Leben zu rufen, Jesuitinnen, wenn man so will. Ist es nicht so? Obwohl auf Deutsch gefragt, verfällt Niklas in die charakteristische Formulierung des *question tag*. In der sprachlichen Form also höchst angemessen, ist dennoch zu spüren, dass diese neuerliche Nachfrage Mary Ward an einem sehr wunden Punkt berührt. »Gewiss war es so. Doch genau an dieser zentralen Stelle wurden wir gehemmt und gehindert und kamen zu meinen Lebzeiten nicht wirklich zum Zuge. Wir mussten schon froh darüber sein, wenn die ganze Bewegung nicht aufgehoben und verboten wurde. Immer wieder Abbrüche und Neuanfänge; das Ganze hat so viel Kraft gekostet ...«

Niklas merkt, dass er doch zu sehr in die komplizierte Kerbe gehauen hat, wohl auch immer noch mit zu wenig Takt- und Feingefühl. Er schweigt deshalb etwas betreten. Seine eigene Neugierde ist augenscheinlich über das Ziel hinausgeschossen. Doch Mary Ward hat sich in der Zwischenzeit gesammelt. »Nein, mein Lieber, du verkennst die Situation. Ich bin ja mittlerweile weit darüber hinweg. Es wäre auch schlimm, wenn ich meine Ewigkeit mit diesen Enttäuschungen und Niederlagen befrachten müsste. Es nahm nach meinem Tod immerhin alles seinen guten Weg. Meine Gemeinschaft breitete sich auf der ganzen Welt aus. Sie kümmerte sich, wie von Anfang an intendiert, um die Erziehung und Ausbildung von Mädchen und jungen Frauen – unzählige Schulen konnten für sie entstehen. Wir firmierten unter dem Namen ›Institutio Beatae Mariae Virginis‹, kurz IBMV: Institut der seligen Jungfrau Maria. Doch ich weiß aus meinem himmlischen Blickwinkel heraus, dass nach eurer Zeitrechnung schon bald ein großer Wunsch meiner Gemeinschaft in Erfüllung gehen wird: So wie die Jesuiten hinter ihrem Namen die Initialen SJ tragen für ›Societas Jesu‹, so werden meine Schwestern demnächst das Kürzel CJ tragen dürfen. Das steht dann für ›Congregatio Jesu‹. Beides meint im Grunde freilich dasselbe: Wir wirken in der Gesellschaft mit Jesus mitten in der Welt. Nicht eingesperrt hinter Klostermauern, nicht weggeschlossen in der Klausur, wie meine Gegner es meinen ersten Schwestern und mir noch auferlegen wollten. Die Zeit hat für uns gespielt. Ich bin inzwischen versöhnt. Auch mit meiner Kirche, die es Frauen wie mir nicht leichtgemacht hat.«

»Und noch immer nicht leicht macht«, denkt sich Jana, aber hält geflissentlich den Mund. Ein weiteres Mal ist spürbar, dass wieder eine Begegnung zu Ende geht. Im Sinne der berühmten Schlussformel aus Faust II (Waren sie nicht deshalb eigentlich hierhergekommen?) bestätigt sich nun in direkter Folge das Goethesche Diktum: *»Alles Vergängliche ist nur ein Gleichnis; das Unvergängliche, hier wird's Ereignis; das Unbeschreibliche, hier ist's getan; das Ewig-Weibliche zieht uns hinan.«*

Kapitel 10: Teresa von Ávila

Und tatsächlich: Die eine Ordensfrau war wie von Zauberhand von der anderen abgelöst worden. Im Habit der Unbeschuhten Karmelitinnen steht eine neue Erscheinung vor den Augen der beiden Abiturienten. »Muy buenas noches!« Ganz offensichtlich geht der europäische Reigen weiter und man sieht sich nun einer Nonne von der Iberischen Halbinsel gegenüber. Und für hinreichend geschulte Ohren ist überdies klar: Hier spricht keine Südamerikanerin mit flotter Zunge. Dies ist das herbe, leicht genuschelte Spanisch von der rauen Hochebene Zentralspaniens. Um weitere Spekulationen zu erübrigen, stellt sich die Ordensfrau gleich mit geografischem Bezug vor: »Me llamo Teresa de Ávila.« Niklas und Jana realisieren, dass sie erneut auf die Übersetzungs-Hilfe angewiesen sein werden. Und dort oben ist es auch schon zu lesen: »Ich heiße Teresa von Ávila.«

Über Janas Gesicht läuft ein leichtes Zucken. Einen Moment hat es gedauert, doch dann hat sie den Namen eingeordnet. Wenig ehrerbietig versäumt sie den Gegengruß und platzt heraus: »Mensch, Niklas, das ist doch diejenige, deren Buch Edith Stein gelesen hat, in einer einzigen Nacht in Bad Bergzabern, wodurch sie von einer Atheistin zur Christin wurde.« Auch Niklas lässt es jetzt an der gebotenen Höflichkeit gegenüber der Heiligen fehlen und steigt auf Janas Bemerkung ein. »Und in welchen Orden ist Edith Stein schließlich eingetreten, als die Nazis ihre universitäre Laufbahn beendet hatten? Haargenau, sie ist Karmelitin geworden! Sie ist in den Orden eingetreten, den die heilige Teresa zwar nicht gegründet, doch maßgeblich reformiert und umgestaltet hat.«

Die heilige Nonne räuspert sich dezent aber sehr vernehmlich. Schuldbewusst wenden Jana und Niklas ihr wieder ihre Aufmerksamkeit zu. Alles andere als unfreundlich liest sich ihre Anrede über ihrem Kopf: »Ihr scheint euch ja sehr gut auszukennen. Sogar Bezüge in der Geschichte der Heiligen könnt ihr schon herstellen, Querverbindungen ziehen – und das sogar entgegen dem Lauf der Zeit. Ich zolle euch meinen Respekt.« Nun sind die Jugendlichen sichtlich verlegen. Um überhaupt irgendwas zu sagen, fragt Niklas: »Sind Sie auch erst im späteren Erwachsenenalter in den Karmel eingetreten, so wie es bei Edith Stein der Fall war, oder fand dieser Schritt schon früher in Ihrem Leben statt?« Teresa gibt ihm zur Antwort: »Nein, ich bin sogar sehr jung ins Kloster gegangen. Freilich war das nicht die Art Kloster, wie sie nach meinen Reformen entstehen sollte. Und ich muss mich korrigieren: nach *unseren* Reformen, denn ohne die Unterstützung des heiligen Johannes vom Kreuz wäre mir dieses Werk nicht gelungen.«

Jana wagt nun ihrerseits den Einstieg ins Gespräch: »Wie sah denn das Kloster aus, in das Sie damals eintraten?« Teresa schaut streng: »Im Grunde genommen hatte es den Namen gar nicht verdient. Es war ein ständiges Kommen und Gehen. Der Schwestern selbst, aber auch von Angehörigen und Gästen. Die Frauen hatten überdies ihre Dienerinnen beim Einzug mit ins Kloster genommen und wohnten nicht in Zellen, sondern in kleinen Apartments. Klausur war ein Fremdwort, klösterliche Zucht desgleichen. Als so junge Frau habe ich diese Mängel jedoch gar nicht bemerkt; stattdessen habe ich mich nahtlos eingefügt, so als müsse das so sein und als gäbe es keine bessere Alternative dazu.« »Und dann?« Jana macht jetzt keine Konversation; sie ist ehrlich gespannt auf die Antwort. »Dann schlug es bei mir ein wie ein Blitz. Ihr müsst bedenken, dass ich bereits über vierzig Jahre alt war und schon weit mehr als zwanzig Jahre in diesem Kloster in meiner

Heimatstadt Ávila lebte. Ich machte in diesem Augenblick ein Gelübde, das sich auf Anhieb möglicherweise leicht anhört, das aber unendlich schwer zu erfüllen ist. Wer es versucht, begibt sich bereits auf den Weg zur Heiligkeit.« »Worin bestand dieses Gelübde?« Niklas hängt nun ebenso an Teresas Lippen wie Jana. »Mein Gelübde lautete, fortan immer das Vollkommenere zu tun.«

Dieser Satz blieb jetzt auf dem Spruchband stehen und entfaltete einige Sekunden lang seine Wirkung. Wieder ist es Jana, die ganz praktisch und pragmatisch nachfragt: »Und was bedeutete das für Ihr Leben in diesem Kloster, das nach Ihrer Wahrnehmung kein richtiges Kloster war?« »Alles musste auf den Prüfstand, das meiste musste grundlegend verändert werden. Es galt, wieder zurück zu den Ursprüngen zu kommen.« »Was sind denn überhaupt die Ursprünge des Karmels?«, will Jana von der Heiligen wissen. Teresa blickt sie wohlwollend an: »Ja, diese Frage musste man natürlich auch stellen. Und zwar allem anderen voran. Nun ist es aber so, dass wir Karmelitinnen und Karmeliter keine eigentliche Gründerfigur haben, wie das bei vielen anderen Ordensgemeinschaften der Fall ist. Besser gesagt, bei fast allen anderen. Unsere Bewegung ist im Mittelalter im Heiligen Land entstanden, im Norden von Israel, auf dem Berg Karmel. Deswegen heißen wir ja so. Fromme Männer und Frauen hatten sich an den Flanken dieses Berges, der sich direkt über der Küste des Mittelmeers erhebt, angesiedelt, um ein asketisches und beschauliches Leben zu führen. Vor allem auch in der Verehrung der Mutter Jesu, die mit diesem Berg in eine besondere Verbindung gebracht wird. Er ist so etwas wie der Berg Marias, der Berg der Jungfrau.«

»Ich kann mir nicht vorstellen, dass Ihre Mitschwestern sehr begeistert waren, als Sie mit Ihren Reformideen daherkamen«, gibt Jana nüchtern zu bedenken. »Da hast du freilich recht.« Auch bei Teresa ist nun eine angestrengte Falte über ihrer Nasenwurzel zu erkennen. »Das war sehr mühsam. Und es zog sich über Jahre hin. Es gab Widerstände allenthalben. Der Dämon der Gewohnheit und Bequemlichkeit steckte in jedem Winkel und ließ sich nur schwer vertreiben. Auch ich musste verschiedentlich um meine eigene Sicherheit fürchten. Meinen Gefährten Johannes haben sie sogar zeitweilig in den Kerker geworfen, nur weil er sich mein Anliegen zu eigen gemacht hatte und für den männlichen Zweig der Karmeliten dieselben Reformen verwirklichen wollte. Lasst es euch gesagt sein: Wenn ihr in der Kirche etwas verändern wollt, dann stellt euch auf einen langen Kampf ein: beschwerlich, lang andauernd, voller Rückschläge, immer in Gefahr, selbst angezeigt und der Ketzerei verdächtigt zu werden. Wer da keinen klaren Kompass hat, der wird scheitern und dessen Ideale werden auf der Strecke bleiben.«

»Aber Ihnen ist es gelungen. Ihre Reformen haben sich durchgesetzt. Und diese selbe Kirche verehrt Sie heute als eine Heilige«, hält Jana die Sachlage fest. »Sogar als Kirchenlehrerin«, fügt Niklas leicht besserwisserisch hinzu. »Das ist eine Ehre, die nur sehr wenigen Heiligen zuteilwird. Zum Beispiel auch Edith Stein.« »Wie wird man denn Kirchenlehrerin, also was muss man zu Lebzeiten getan haben, damit einem später dieser besondere Titel verliehen wird?« Jana beweist unverändert ihren Praxissinn. Teresa geht direkt darauf ein: »Du musst natürlich etwas geschrieben haben. Bücher, in denen du Wesentliches zur Glaubenslehre der Kirche und der Christenheit beigetragen hast. Das können theologische Überlegungen sein, aber auch Mystik, die Liebesbeziehung der menschlichen Seele zu Christus.«

Niklas lässt eine Überlegung keine Ruhe: »In Ihrer Zeit, unter den damaligen gesellschaftlichen Bedingungen, wie war es da überhaupt möglich, dass eine Nonne und ein Mönch, also Sie und der heilige Johannes vom Kreuz, ein gemeinsames Projekt der Erneuerung ihres Ordens starten konnten? Man sollte doch denken, dass sie beide sich nicht einmal zeitgleich in einem Raum aufhalten durften. Ist da nicht gemauschelt worden, dass diese Liebe auch einen sehr, ähm, irdischen Aspekt haben könnte?« Ein wenig ist ihm bange, denn diese Frage ist natürlich reichlich persönlich und indiskret obendrein. Teresa jedoch lässt sich nicht in Verlegenheit bringen. Voller Gleichmut gibt sie zur Antwort: »Zunächst einmal kann man auch auf dem Wege eines regen Briefkontakts vieles vorantreiben. Und dann vergiss nicht, dass Johannes ebenfalls mystisch begabt war. Ich will die Anziehung der Geschlechter gar nicht beiseite tun, schon gar nicht als etwas irgendwie Unanständiges. Aber uns beiden war es geschenkt, in Gebet, Meditation und Betrachtung so tief in die Liebe Gottes einzutauchen, dass kein anderes Begehren übrigblieb. Der innere Raum meiner Seele war ganz und gar von Gott erfüllt. Mehr oder ein Darüber hinaus brauchte ich nicht ... Gott allein genügt.«

»Meine Güte, das ist ein Klassiker der Spiritualität, also der letzte Satz.« Als Niklas dies kommentiert, ist Teresa von Ávila schon wieder ins Licht zurückgekehrt. Eine neuerliche Unhöflichkeit liegt damit immerhin nicht vor. Niklas setzt sogar noch einen drauf: »Weißt du, was sie noch gesagt hat?« Jana zuckt mit den Achseln. *»Wenn Fasten, dann Fasten. Wenn Rebhuhn, dann Rebhuhn.«* Beiden wird gleichzeitig bewusst, dass sie in der Entrückung dieser Nachtstunde eigentümlicherweise noch keinerlei Hungergefühle verspüren. Ebenso wenig Durst, obgleich ihnen doch im fortdauernden Gespräch längst die Spucke weggeblieben sein müsste. Die Zeit scheint tatsächlich stehengeblieben zu sein und zusammen mit ihr der sonstige Stoffwechsel. Der einzige Appetit, den beide augenblicklich spüren, ist der Appetit darauf zu erfahren, wie es weitergeht, wer ihnen als nächstes entgegentreten wird. Niklas beschleicht eine leise Vermutung, wer jetzt »dran« sein könnte – und wirklich ...

Kapitel 11:
Ignatius von Loyola

Ein Mann erscheint. Sein Gewand ist schmucklos und sauber. Die ganze Gestalt wirkt unauffällig. Der Mann hat die Lebensmitte bereits überschritten. Er trägt einen spitzen Bart von derselben schwarzen Farbe wie sein Priesterrock und er hat nur noch wenige Haare auf dem Kopf. Ja, der Gesamteindruck dieses Menschen ist: »unscheinbar und schwarz«. Zugleich umgibt ihn eine Aura von Effizienz, von erfolgreichem Management. Und eine Kleinigkeit lässt sich doch ausmachen, die den Eindruck der Makellosigkeit ein wenig trübt: Das sind die Tintenflecke an seiner Schreibhand. Natürlich ebenfalls in Schwarz. Und das, obwohl er die allermeisten seiner Tausender Briefe doch diktiert haben dürfte.

Es steht vor Niklas und Jana im Licht der Laterna Mystica einer der bedeutendsten Heiligen der Kirchengeschichte. Und wirkt dabei so überhaupt nicht bedeutend. »Ignatius von Loyola«, stellt er sich vor. »Begründer der Societas Jesu« Das Schriftband gibt die Worte in deutscher Übersetzung wieder, wie gehabt. Der Sprecher trägt in Spanisch vor, wie eben schon Teresa. Ignatius haftet jedoch etwas durchaus Internationales an. In moderner Zeit könnte er der CEO von Royal Dutch Shell oder BMW sein. Als ob der heilige Ignatius diese Unsicherheit in der Einordnung spüren würde, gibt er knapp zu Protokoll: »Ich bin Baske. Aus dem spanischen Baskenland westlich der Pyrenäen. Studiert habe ich später in Paris. Meine letzten Lebensjahre verbrachte ich in Rom. Ich wollte zwar einmal ins Heilige Land, nach Jerusalem, doch das hat sich frühzeitig zerschlagen.«

Niklas ist jetzt natürlich voll in seinem Element. »Da haben Sie aber ganz viele Stationen unterschlagen:

Pamplona, Manresa ...« »Sachte, sachte. Eines nach dem anderen.« Ignatius beschwichtigt den begeisterten Jungen. »Meine Geschichte ist alles andere als geradlinig, sie ist reich an Verwicklungen und hohen Ansprüchen, sie verläuft durch halb Europa und mündet an einen Schreibtisch in der Ewigen Stadt. Ich war Soldat und Patient, Eiferer und Einsiedler, später Student und Menschenfänger, ein Streiter wider die Reformation des Martin Luther und dabei selbst ein Erneuerer und Revolutionär. Auch ich war ein Mystiker – und zugleich ein staubtrockener Organisator. Aus der Rückschau derart langer Zeit bleibt vermutlich vor allem mein enormes Organisationstalent in Erinnerung. Als ich starb, da war das Netzwerk der Gesellschaft Jesu schon um den halben Globus geschlungen.«

Jana ist zum ersten Mal wirklich und von vornherein beeindruckt. Vielleicht ist es der Zusammenklang von seinem so unscheinbaren Äußeren und seinem lapidaren, zugleich mitreißendem Redefluss. Sie möchte es nun genauer wissen, möglichst im Detail: »Bitte nicht so summarisch. Pamplona, Paris, Rom. Vom Soldatenstand aufs Krankenlager, von der Einsiedelei an die Hochschule, vom Einzelkämpfer zum Begründer einer weltumspannenden Gemeinschaft. Das müssen Sie uns genauer erzählen.« Sie stutzt einen Moment. »Wenn ich Sie höflichst darum bitten dürfte.«

Ignatius räuspert sich. »Dann hoffe ich, dass du von der Fülle an Fakten nicht erschlagen wirst. Ich stamme aus einer Familie des baskischen Adels. Meine Eltern gaben mir ursprünglich den regionalen Vornamen Iñigo. Erst im Laufe der späteren Jahrzehnte und aufgrund meines religiösen Umschwungs schliff er sich in den bekannteren Namen des heiligen Ignatius von Antiochien um. Von Kindesbeinen an wurde ich mit den Idealen des höfischen Lebens vertraut gemacht und diente auch als ritterlicher Knappe. Mein Lebensziel war klar definiert: Ich wollte Soldat werden und die Offizierslaufbahn einschlagen. Militärische

Tugenden waren mir wichtig. Ich sollte sie auch später, in völlig anderer Rolle, gut gebrauchen können.

Erst einmal verlief auch alles nach Plan. Ich erhielt die entsprechende Formung und Ausbildung. Doch gleich einer meiner ersten Einsätze wurde zum Fiasko. Pamplona, das in dem Baskenland benachbarten Navarra liegt, wurde von französischen Truppen belagert. Ich war mit meinen Kameraden für die Verteidigung von Stadt und Festung verantwortlich. Eine Kanonenkugel zerschmetterte mir dabei ein Bein. Es sollte sich daran ein mehrmonatiges Krankenlager anschließen, bei dem mir mein Bein sogar absichtlich ein zweites Mal gebrochen wurde, weil die Knochen schief zusammengewachsen waren. Ohne Narkose, soviel steht fest. In jedem Fall hatte ich viel, sehr viel Zeit. Und ich las. Zunächst Ritterromane, dann ließ ich mir die Bibel und Heiligengeschichten bringen. Die Apostel und die Heiligen der Kirche beeindruckten mich tief. Sie imponierten mir so, dass sich meine Lebensziele verschoben. Mein unbändiger Ehrgeiz blieb freilich derselbe. Doch er hatte nun einen völlig neuen Zielpunkt bekommen. Mit der meinem Charakter eigenen Unerbittlichkeit kämpfte ich mich aus dem Krankenstand heraus und nahm mein neues Ideal in Angriff.

Dabei war mir allerdings gänzlich unklar, was ich im Einzelnen tun sollte und wie es mir gelingen sollte, dem Vorbild der Heiligen nachzueifern. Sollte ich die Mauren erschlagen, also den Nachfahren der muslimischen Eroberer Spaniens Gewalt antun? Sollte ich meine christlichen Brüder und Schwestern zur Umkehr aufrufen und in ihnen das Feuer des Evangeliums neu entfachen? Sollte ich mich in die Einsamkeit zurückziehen und nur noch dem Gebet und der Entsagung leben? Irgendwie probierte ich alles aus, bis auf den Totschlag an den Mauren. Aber ich stand ehrlich gesagt kurz davor. Auch geriet ich in Konflikt mit den Dominikanern, jener Ordensgemeinschaft des heiligen Dominikus, die die Inquisition verwalteten. Denen erschien mein unstetes Treiben dubios, ja der Ketzerei verdächtig.

Schließlich war ich kein Priester, noch nicht einmal ein Mönch und hatte keine Theologie studiert. Mir fehlte jedes Rüstzeug, jede Berechtigung, öffentlich aufzutreten und über Religion zu sprechen. Vielleicht rettete mich in jenen frühen Jahren nur meine vornehme Herkunft davor, auf dem Scheiterhaufen zu landen.«

An dieser Stelle hakt Niklas ein: »Stimmt es, dass Sie in Manresa unterhalb des Berges von Montserrat in Katalonien mehrere Monate wie ein Tier in einer Höhle gehaust haben? Mit Fingernägeln wie Klauen und mit einer verfilzten Mähne wie ein Löwe?« In seinem Überschwang merkt er gar nicht, dass auch diese Frage im normalen Leben eine arge Grenzüberschreitung dargestellt hätte. Doch der Heilige verübelt es ihm nicht. »Ich muss wirklich schlimm ausgesehen haben. Und vermutlich noch schlimmer gestunken. Regelmäßig stieg ich zu den Benediktinern, den Söhnen des heiligen Benedikt von Nursia, auf die felsige Höhe des Montserrat hinauf und fragte Gott und die Jungfrau Maria, welcher mein weiterer Weg wohl sei und wohin er mich führen würde. All diese Monate in der Höhle waren aber nicht vergeblich, denn in genau diesem Zeitraum legte ich das Fundament für mein größtes Werk, den Schlüssel meines späteren seelsorgerischen und strategischen Erfolgs: Ich schuf die Grundlage meiner ›Exerzitien‹. Das sind geistliche Übungen. Ich war eben ein alter Militär: Da liegt einem das ›Exerzieren‹, das Üben, im Blut.

Mit der erforderlichen Orientierung brachte ich nun Ordnung in mein Leben und in meine Berufung. Ich ging an die beste Universität des Abendlandes, nach Paris, um dort Theologie zu studieren. Zuvor musste ich mir mühsam zusammen mit Schulkindern die Anfangsgründe der lateinischen Sprache aneignen. Unter anderen Voraussetzungen wäre das sehr demütigend gewesen. So aber nahm ich es als Vorübung dessen, was mich noch erwartete. Mit über 30 Jahren, mehr als zehn Jahre älter als meine Kommilitonen, nahm ich mein Studium auf. Doch wiederum leitete mich die Vorsehung des gütigen Gottes: Hier in Paris fand ich meine wichtigsten Mitstreiter. Mit ihnen gründete ich, in einer Kapelle auf dem Montmartre, die ›Gesellschaft Jesu‹. Wir hatten hochfliegende Pläne. Wir wollten unsere Gruppe der direkten Befehlsgewalt des Papstes unterstellen und in seinem Namen und Auftrag nach Jerusalem absegeln, ins Heilige Land. Aber der Heilige Vater hatte andere Pläne mit uns. Und er sah unseren Auftrag nicht im Kampf mit den Heiden, sondern in der Wiedergewinnung der christlichen Seelen in Europa, die der Reformation Martin Luthers erst unlängst zum Opfer gefallen waren. Unsere Waffen dafür waren das Wort, das Argument, das persönliche Beispiel. Wir sollten der katholischen Wahrheit eine Stimme geben, damit ihr Schalmeienklang die verirrten Schafe wieder zu ihrem Hirten zurückgeleite: zu Christus, dem Herrn. Und zum Papst in Rom.«

»Sie wurden der erste Ordensgeneral«, bemerkt Niklas. »Auch das klingt wirklich sehr nach Militär, Drill und Disziplin.« Ignatius widerspricht ihm nicht: »Ohne Disziplin geht es nicht. Zunächst musst du erkennen, was Gott mit dir vorhat. Dazu dienen die ›Exerzitien‹. Dann musst du Kompetenzen erwerben: Sprachen, kulturelles Einfühlungsvermögen, Diplomatie. Du musst dich auch mit den Mächtigen des jeweiligen Gebietes gut stellen. Du musst ganz oben anfangen, um das weite, breite Feld zu bestellen. Dann kannst du in die Schlacht ziehen: Um Seelen zu retten und zur größeren Ehre Gottes. Vor allem aber musst du dich bemühen, Gott in allen Dingen zu suchen. Mit diesem Rüstzeug kannst du anschließend ans Werk gehen: Schulen einrichten, Universitäten gründen, mit den Großen der Welt auf vertrautem Fuß verkehren. Nur dein Fokus muss klar sein. Und du selbst bereit, dahin zu gehen, wohin dein General dich sendet: sei es in Italien, Frankreich, Deutschland. Oder in Übersee: Indien, China, die Amerikas …«

Jana registriert die Faszination von Niklas. »Ich kann mir nicht helfen. Irgendwie finde ich das auch etwas beunruhigend. Ist das nicht ein schmaler Grat, auf dem man da wandelt: als Jesuit? Man ist sozusagen ein Elitesoldat mit bestmöglichem Training, allen anderen in vielem spürbar überlegen. Und dann soll man trotzdem nicht hochmütig werden und sich beständig unterordnen: unter den Willen Gottes, unter den Willen des Generals, unter den Willen des jeweiligen Oberen. Das kann einen Menschen doch schier zerreißen!« Niemand widerspricht ihr. Ignatius sagt nur: »Die Männer müssen das richtige Material mitbringen. Das ist kein Ruf für jeden, da hast du schon recht. Aber schau dir die Früchte an, hier in Europa und in aller Welt. Das sind doch echte christliche Leuchten, mit Heiligsprechung der Kirche oder nicht: Franz Xaver, Peter Faber, Petrus Canisius. Und das ist ja nur die erste und zweite Generation. Friedrich Spee habt ihr schon kennengelernt. Alfred Delp desgleichen. Im Himmel formen wir keine Elitetruppe. Wir schauen Gott und beten ihn an. Das ist unser Ehrensold und unsere Ewigkeit. Nach mehr haben wir nie verlangt. Auch im Himmel können wir uns unterordnen.«

Jana will es fast scheinen, als habe Ignatius seine rechte Hand zackig gegen die Schläfe bewegt, gewissermaßen als militärisch angehauchter Abschiedsgruß. Aber das, so denkt sie, wird eine Sinnestäuschung gewesen sein. Sie lässt das eben Gehörte auf sich wirken und spürt dem nach. Welchen Geschmack hat es ihrem Mund? Sie ist sich nicht ganz sicher. Betont munter sagt sie zu Niklas, während sich Ignatius bereits in das Licht der Laterna Mystica zurückgezogen hat: »Na, du armer Kerl. Das war's dann ja wohl mit deinen Jesuiten. Jetzt kann keiner mehr kommen. Hoffentlich hat dieses Spiel nun nicht seinen Reiz für dich verloren?« Die Ironie geht an Niklas vorbei. Er grübelt eher. Er denkt nach. Er überlegt, an welcher Station ihr wunderlicher Zug zum Ursprung als Nächstes Halt machen wird …

Kapitel 12: Johanna von Orléans

Es klirrt ein wenig, bevor sich überhaupt etwas erkennen lässt. Einen Augenblick später stimmen der akustische und optische Eindruck überein. Es ist ein Harnisch, eine Rüstung, die den Ton erzeugt hat, als die Gestalt nach vorne tritt. Überraschenderweise ist es eine junge Frau. Haltung und Habitus sind aber durchaus militärisch. Auch eine Stimme lässt sich jetzt vernehmen. »Jeanne d'Arc«, sagt diese. »Euch wahrscheinlich eher bekannt als Johanna von Orléans.«

»Okay, zwei Dinge stehen fest«, sagt Niklas, »erstens sind wir im Mittelalter angekommen und zweitens kannst du nun deine Französischkenntnisse unter Beweis stellen. Johanna stammte aus dem Grenzgebiet zu Lothringen, nicht aus den Pyrenäen. Du müsstest dich also mit ihr verständigen können.« Jana ziert sich nicht. Doch sie wendet ein: »Orléans liegt doch an der Loire und nicht in Ostfrankreich.« Die Bewährungsprobe beginnt. Jana lauscht und führt das Interview mit der Heiligen; Niklas verfolgt den Ticker über ihren Köpfen und liest mit. Die heilige Johanna klärt zunächst die angesprochene Irritation auf – und steigt damit gleichzeitig schon in ihre Lebensgeschichte ein. »Ich stamme vom Dorf, aus einer Bauernfamilie – diese Heimat lag unmittelbar an der Grenze zu Lothringen. Meinen Beinamen verdanke ich der ersten großen militärischen Operation, bei der es mir trotz eigener Verwundung gelang, die Stadt Orléans aus der englischen Belagerung zu befreien. Damals hatten die Engländer weite Teile Frankreichs erobert und hielten sie im Schulterschluss mit den abtrünnigen Burgundern zum Teil schon seit Jahrzehnten besetzt. Zum Zeitpunkt der Ereignisse von Orléans war ich gerade 17 Jahre alt.«

»Moment«, Jana will sichergehen, dass sie sich nicht verhört hat. »Du warst 17 und bist an der Spitze des französischen Heeres in den Krieg gezogen, gegen die Engländer?« An Niklas gewandt, meint sie: »Zumindest kann es damals im 15. Jahrhundert noch nicht um eine konfessionelle Auseinandersetzung oder einen Religionskrieg gegangen sein.« Die gebürtige Lothringerin versteht offenkundig hinreichend Deutsch. Jedenfalls geht sie sofort auf diese Bemerkung ein. »Es ging bei diesem Krieg um die französische Krone, um die Macht im ganzen Land. All das zog sich hin: die Thronansprüche, die Landungen der Engländer an unseren Küsten, die mal mehr mal weniger erfolgreichen Versuche, sie auf ihre Seite des Kanals zurückzudrängen. Wenn euch euer Dreißigjähriger Krieg in der ersten Hälfte des 17. Jahrhunderts schon lang vorkam – unser Krieg ging als der Hundertjährige in die Geschichte ein. Am Ende sollte allerdings Frankreich die Oberhand gewinnen.«

»Das verdankte sich dir und deinem Einsatz?« erkundigt sich Jana. Johanna macht eine Bewegung mit ihrer eisenbehandschuhten Hand, die sich nicht eindeutig entschlüsseln lässt. »Ich legte eine wichtige Grundlage, indem ich für die Salbung des französischen Thronfolgers in der Kathedrale von Reims sorgte. Dies war die Voraussetzung, um die totale Niederlage abzuwenden und wieder in die Offensive zu kommen. Alles Weitere sollte dann noch lange Zeit in Anspruch nehmen – und ich selbst musste einen hohen Preis dafür bezahlen. Letztlich war dann alles wieder Politik; mein Weg allerdings führte mich mitten ins Feuer.« Niklas interveniert kurz: »Das mit dem Feuer meint sie wörtlich. Sie geriet in englische Gefangenschaft und wurde als Ketzerin auf dem Scheiterhaufen verbrannt. Das war dabei kein Wahn, wie der, gegen den sich Friedrich Spee später gewandt hat. Das war kaltes Kalkül und ein Schachzug auf diesem großen Spielbrett des Hundertjährigen Krieges. Ihre eigenen

Leute, der französische König und seine Hofbeamten, haben nicht einmal mit aller Kraft versucht, sie freizubekommen und damit ihr irdisches Leben zu retten. Zu diesem Zeitpunkt war sie 19 Jahre alt – so alt wie wir beide!«

Jana geht das alles zu schnell und chronologisch durcheinander: »Was ich noch gar nicht verstanden habe, ist wie eine 17-jährige Bauerntochter aus der Provinz dazu kommt, eine Militärstreitmacht anzuführen und zum Sieg zu leiten.« »Zu mehreren Siegen«, korrigiert Johanna bescheiden und zugleich selbstbewusst. »Außerdem war es letztlich mangelnde Unterstützung, die mich in die Hände der Engländer fallen ließ. Aber du hast mir eine Frage gestellt. Die Antwort bringt mich jetzt etwas in Schwierigkeiten, zumindest in persönliche Verlegenheit. Ihr beiden kommt aus einem Jahrhundert, dem geistige Erkrankungen und psychiatrische Diagnosen geläufig sind. Auch das Phänomen des Stimmenhörens ist euch bekannt, obwohl auch euer Zeitalter es noch nicht ganz und gar verstanden hat. Oder jedenfalls noch ein Stück davon entfernt ist, es zu heilen. Medikamente allein sind ja noch keine Lösung! Doch ich will es kurz machen: Ich hörte tatsächlich Stimmen. Stimmen, die mich dazu aufriefen, Harnisch und Rüstung anzulegen und die Invasion der Engländer zurückzuschlagen. Nicht mit Gebeten, nicht mit Diplomatie, sondern mit Standarte und Schwert. Ich sollte den Truppen voranziehen, an ihrer Spitze gegen den Feind. Und diese Stimmen, diese Stimme kam von Gott.«

Jana und Niklas schweigen ein wenig betreten. Es fällt ihnen beiden schwer, das Gehörte einzuordnen, sich einen analytischen zeitgemäßen Reim darauf zu machen. Zugleich merkten sie, dass weit erstaunlicher als jedes psychiatrische Krankheitsbild der unwahrscheinliche Erfolg war, den Johanna errungen hatte. Zunächst bei den Großen Frankreichs Gehör und Glauben zu finden, dann diese visionär geschaute Rolle auch selbst ausfüllen zu können und schließlich militärische Triumphe zu erringen, die allen Heerführern zuvor vorenthalten geblieben waren. Sie war schließlich kein bloßes Maskottchen gewesen, kein Glücksbringer in der Hinterhand. Nein, sie hatte die Truppen entscheidend motiviert und war als deren Speerspitze vorangegangen. Ja, sie war selber im Schlachtgetümmel verwundet worden, als sich ihr ein Pfeil in den Oberschenkel bohrte. In der Geschichte Europas und des vorderen Orients hatte es seit den sagenumwobenen Amazonen nichts Vergleichbares gegeben! Bis in die Gegenwart der zweiten Jahrtausendwende rätselte man über dieses Mädchen, über diese völlig aus jeder Zeit gefallene junge Frau, die geschichtlich aus dem Nichts hervorgetreten war, um nach kurzer Zeit wieder ins Nichts zu verschwinden.

Dass Heilige imstande sind, Gedanken zu lesen, sollte im Verlauf dieser besonderen Nacht am wenigsten verwundern. Johanna greift diesen Gedanken sofort auf: »Ich kam nicht aus dem Nichts. Gott hatte mich dafür ausersehen. Und ich ging nicht in das Nichts. Sondern in das Paradies. Allerdings war das Ende meines irdischen Lebens überaus grausam. Die Engländer hatten mir in Rouen, in der von ihnen besetzten Normandie, den Ketzer-Prozess gemacht. Ausgefeilt und abgefeimt. Die Prozessakten existieren noch heute. Der Tod auf dem Scheiterhaufen stand dabei von Anfang an fest. Es sollte an mir ein Exempel statuiert werden, ein reiner Schauprozess, bei dem selbst die Gelehrten der hochgerühmten Pariser Universität willfährig Schein-Argumente beisteuerten, damit das Feuer der Hoffnung und des nationalen Mutes, das ich in Frankreich entzündet hatte, mit mir zu Asche zerfallen sollte. Die Hoffnungsträgerin als Ketzerin! Am Ende war ich ganz allein, ausgeliefert, ein Spielball der Politik. Und es hat Jahrhunderte gedauert, bis mir die Kirche den legitimen Kranz einer Heiligen zuerkannt hat. 25

Jahre nach meinem Tod im Feuer musste ich durch einen zweiten Prozess zunächst einmal rehabilitiert werden. Die Akten wogen schwer ...«

Jana und Niklas spüren die Ausnahmeerscheinung. Auch wenn jeder Heilige seinen einmaligen und einzigartigen Weg der Berufung gegangen ist und niemand dem anderen darin gleicht und gleichen kann, fällt die heilige Johanna von Orléans völlig aus dem »üblichen« Rahmen heraus! Die Heilige selbst hält sich damit nicht mehr auf. Sie ist eben gerade wieder zurückgetreten: nicht in die Flammen eines längst erloschenen Scheiterhaufens, sondern in die Fülle des lebendigen Lichts.

Kapitel 13: Thomas von Aquin

Der Kontrast könnte kaum größer sein: Anstelle der metallisch klirrenden Jungfrau im Teenageralter steht nun ein sehr beleibter, älterer Mönch im Licht. Er trägt ein weißes Ordensgewand und darüber einen schwarzen Mantel. Der Habit spannt sich merklich über seinen gewaltigen Bauch.

Angesichts dieses massiven ersten Eindrucks fällt Niklas und Jana erst auf den zweiten Blick auf, dass er in den weiten Falten seines Habits ein Buch mitführt. »Buch« ist beinahe untertrieben; es ist ein immens dicker Folioband – und der Heilige hütet ihn wie einen Schatz. Ja, ein Heiliger ist er tatsächlich: ganz offiziell und kirchlich abgesegnet. Dabei hat er sich in keine Schlacht gestürzt, keine Weltmeere überquert, um den Heiden die Fackel des Evangeliums zu überbringen. Er wurde auch nicht wegen eines unerschrockenen Zeugnisses für Christus weder gemartert noch massakriert. Das Martyrium blieb diesem Buch-Menschen also erspart. Was hat er mithin geleistet, womit hat er sich den Rang eines Heiligen verdient? Gewiss, man kann und darf so fragen. Aber das geht am Kern der Sache vorbei. Denn der »Kern« ist immer noch das große und uneinholbare Geheimnis Gottes. Es sind nicht die noch so außergewöhnlichen Heldentaten von Menschen. Es ist dies hier kein Schaulaufen von Superhelden!

»Thomas. Thomas von Aquino.« Die Stimme klingt hell, fast ein wenig fistelnd. Überraschend angesichts der enormen Leibesfülle des Sprechers. »Diese Schrift, die ihr seht, von der ich einen Teil hier unter dem Arm trage, ist meine ›Summe‹. Die ›Summe der Theologie‹. Auch wenn ich sie zu Lebzeiten nicht fertigstellen konnte, ist sie dennoch mein Lebenswerk. Hätte nichts sonst von mir die Jahrhunderte überdauert – es wäre mir recht gewesen.«

Niklas spielt einmal wieder seinen Wissensvorsprung gegenüber Jana aus: »Meister Thomas, da sprechen Sie doch allzu bescheiden. Ich finde, auch ihr Lebenslauf, ihre Stationen als Dominikaner und Professor quer durch Europa sind durchaus sehr beeindruckend: von ihrer italienischen Heimat über Köln und Paris nach Neapel. Selbst den Tod erlitten sie auf Reisen hin zu einem kirchlichen Konzil, zu dem Sie als Experte, als theologischer Fachberater, eingeladen waren. Nach einer bloßen Studierstuben-Existenz hört sich das nicht an …« An Jana gerichtet sagt er: »Meister Thomas war, was seine Reisetätigkeit angeht, ähnlich umtriebig wie unser guter alter Faust.«

Jana geht nicht darauf ein. Stattdessen fragt sie – und zwar direkt den Heiligen, nicht ihren Schulkameraden: »Was ist oder macht ein Dominikaner?« Thomas von Aquin schnauft einmal schwer durch. Dann beginnt er seine Erläuterung: »Was ich jetzt sage, wird deinem Freund möglicherweise nicht so gut gefallen. Denn wir Dominikaner sind sozusagen das Original. Die Jesuiten kamen erst Jahrhunderte später und haben dann mehr und mehr versucht, uns das Wasser abzugraben. Uns die guten Leute wegzuschnappen. In das Milieu vorzustoßen, in dem wir längst erfolgreich beheimatet waren. Wir waren die Ersten, die versucht haben, Vernunft und Glauben zu versöhnen, den Irrglauben mittels besserer Argumente zu bekämpfen, mit der Wissenschaft und nicht mit dem Schwert zu operieren.«

Niklas lässt das nicht auf sich und den von ihm favorisierten Jesuiten sitzen: »Aber ihr Dominikaner habt doch in der Inquisition sehr wohl mit dem staatlichen Schwert gemeinsame Sache gemacht und habt Ketzer zu Tausenden in den Tod geschickt!« Thomas seufzt auf. Das lange

Stehen setzt ihm zu. »Das soll euch der heilige Dominikus dann mal selbst auseinandersetzen. Ich wette, er ist schon auf dem Sprung. Fakt ist jedenfalls, dass die Jesuiten kein Patent darauf haben, mit den Mächtigen der Welt auf Du und Du zu stehen und sich als intellektuelle Wunderknaben aufzuspielen. Das gab es schon lange davor. Und wir pflegen wenigstens bis heute unser gemeinsames Chorgebet, während der heilige Ignatius – er möge es mir verzeihen – eigentlich keinen echten Orden gegründet hat. Seine Leute hüpfen auf der ganzen Welt herum, wie sie gerade wollen. Es braucht doch gewisse Grundregeln; meines Erachtens gehört das gemeinschaftliche Gebet der Mönche in der Kirche mehrfach am Tage zum Wesenskern des monastischen Lebens. Das kann man nicht einfach aus der Regel streichen. An dieser Stelle halte ich es unverändert mit dem heiligen Benedikt.«

Jana schwirrt der Kopf. Die vielen unterschiedlichen Namen sind das eine; das ganze Fach-Chinesisch-Latein das andere. Was sie verstanden hat, ist, dass es offensichtlich im Laufe der Kirchengeschichte einen schwerwiegenden Konflikt oder Konkurrenzkampf zwischen Dominikanern und Jesuiten gab, bei dem beide wähnten, die jeweils anderen würden ihnen in ihr jeweiliges Gehege kommen. Freilich war ihr das persönlich einerlei. Sie hätte gerne mehr über den Ordensgründer Dominikus erfahren. Doch gab ihr die Nebenbemerkung des Thomas Hoffnung, ihre nächste Begegnung in der Laterna Mystica würde ihr da mehr und weiteren Aufschluss geben …

Kapitel 14: Katharina von Siena

Aber die Verwunderung ist groß: Statt eines wie auch immer beschaffenen und gekleideten Mönchs tritt eine Frau aus dem Licht. Zart und selbstbewusst zugleich steht sie im Strahlen der Laterna Mystica. Thomas hin, Dominikus her, sie wirkt keinesfalls so, als habe sie sich verlaufen.

»Ich bin Katharina von Siena«, lässt sie wissen. »Doch ebenso gut könntet ihr mich Katharina von Avignon oder von Rom nennen. Damit wären gleich zwei zentrale Orte meines Wirkens benannt. Ich gehörte zum Dritten Orden der Dominikaner; insofern bin ich hier schon recht am Platz. Nur, mich dünkt, der heilige Thomas konnte nicht mehr warten und hat sich schlichtweg vorgedrängelt. Ich lebte ein Jahrhundert nach ihm und bin meinerseits im Schatten einer Dominikanerkirche in der toskanischen Stadt Siena aufgewachsen. Meine Eltern hatten insgesamt 25 Kinder, unter denen ich das zweitjüngste war. Die räumlichen Verhältnisse waren, wie ihr euch denken könnt, bei uns daheim sehr beengt.«

»24 Geschwister!« Jana ist baff. Sie selbst ist Einzelkind. Allenfalls hat sie mittlerweile Halbgeschwister, die sie jedoch nicht kennt. Katharina relativiert: »Es war die Zeit der Pest damals. Viele meiner Geschwister starben bereits im frühen Kindesalter. Aber es blieb alles dennoch sehr bedrängt. Zwar gehörte mein Vater von Geburt zum städtischen Adel; er war jedoch verarmt, sodass wir nicht besser dran waren als eine beliebige Handwerkerfamilie. In eurem Zeitalter, um die zweite Jahrtausendwende herum, soll es einen Jugendroman geben, bei dem der Held zunächst unter einer Treppe in einer winzigen

Kammer leben muss, weil ihm seine Stiefeltern nicht mehr Raum zur Entfaltung gönnen. Nun, bei meinen Eltern war es keine Missgunst, sondern pure Not. Zumindest bekam ich, schon im frühen Kindesalter, ein kleines Kämmerlein zugesprochen, um dort für mich allein zu beten und meine Bußübungen zu vollziehen.«

»Mein Gott, wie alt waren Sie damals?« fragt Jana beinahe entsetzt. Und da war es wieder – dieses »Gott«, das ihr gelegentlich entfuhr, obwohl sie damit eigentlich nichts am Hut hatte. Nicht so sehr wegen der Gebete, umso mehr aber wegen der Bußübungen. »Das wird so zwischen meinem 6. und 8. Lebensjahr gewesen sein. In diesem Alter erlebte ich auch meine ersten Visionen.« Jana und Niklas denken insgeheim dasselbe: »Aha, hier haben wir die gleiche Kategorie von Heiligkeit wie bei Johanna von Orléans und Bernadette Soubirous.« Zugleich sind sie während des Reigens der Heiligen toleranter und weniger vorschnell in ihrer Beurteilung geworden. Dennoch bleibt vor allem Jana schwer beunruhigt: »Bußübungen – im Grundschulalter? Das heißt doch, dass man sich absichtlich körperliche Schmerzen zufügt, um die Last der eigenen Sünden abzutragen. Wie kann man als Kind denn schon so schwer gesündigt haben, dass man sich so etwas auferlegt? Das ist doch – krank ...«

Katharina reagiert keineswegs ungehalten. Sie stellt die zeitliche Kluft in Rechnung, die sie von diesem jungen Mädchen und ihrem Verständnishorizont trennt. Doch darauf geht sie nun gar nicht weiter ein. Stattdessen meint sie: »Wer sagt denn, dass es sich dabei um meine persönlichen Sünden handelte? Die ganze Welt war krank und in schwerer Sünde gefangen. Die Kirche war zum Spielball der weltlichen Herrscher geworden. Der Papst wusste nicht mehr, wo er hingehörte. Alle lagen mit allen im Streit. Und schließlich die Pest: Fast will mir scheinen, als hätten wir sie hervorgerufen aufgrund all unserer Sünden.« Jana versucht angestrengt, ihre widerstreitenden

Gedanken zu ordnen: »Und all diesen Sündenballast haben Sie auf ihre kindlichen Schultern genommen? Das bleibt doch grausam und ungerecht!«

»Mein Kind«, sagt die heilige Katharina, »Wer hat je behauptet, dass diese Welt nicht grausam und ungerecht wäre? Wir alle stehen in einem großen Zusammenhang der Schuld und der Gnade, des Sündenfalls und der Erlösung: Kinder und Greise, Kaufleute und Tagelöhner, Päpste und Kaiser. Niemand kann dem zu keiner Epoche entfliehen! Mein Unglück jedoch war es, während meines weiteren Aufwachsens meinen Eltern und meinen älteren Geschwistern begreiflich zu machen, dass ich gar nichts anderes wollte: weder Tand noch Geschmeide, keine Brautwerber, weder Hochzeit noch Kindersegen. Es war gut so, wie es war. Freilich ging es mitten in der Welt so nicht dauerhaft weiter. Da bot sich mir die Gelegenheit, in den Dritten Orden des heiligen Dominikus einzutreten – und damit Dominikanerin zu werden.«

»Was eigentlich genau ist ein Dritter Orden?«, erkundigt sich Niklas und tut es nicht der Form halber, denn er kann sich darunter tatsächlich nichts vorstellen. Katharina erläutert kurz: »Im Dritten Orden halten wir die Gelübde der übrigen Brüder und Schwestern, leben aber nicht in klösterlicher Gemeinschaft, sondern verbleiben im Verbund der übrigen Gesellschaft. Dennoch sind wir ebenso den Idealen des jeweiligen Ordensgründers verpflichtet.« Und sie fährt fort: »Für mich bedeutete das vor allem, dass meine bis dahin schwankende Rolle geklärt war und ich einen festen Platz für mich gefunden hatte. Nun konnte ich daran gehen, herauszufinden, was Gott für mich vorgesehen hatte und wie ich meinem Bräutigam Christus den Weg zu den Menschen meines Zeitalters bereiten konnte. Denn wie gesagt: Es war ein einziges Drunter und Drüber, eine Welt im Umbruch. Bei uns im nördlichen Italien, vorwiegend in den Handelsstädten der Toskana, standen wir schon dicht an der Schwelle vom Mittelalter zur frühen

Neuzeit. Das musste zwangsläufig mit Geburtswehen einhergehen, wenn sich das eine schmerzhaft ablöst und das andere noch nicht zum Vorschein gekommen ist.«

Niklas bleibt dran: »Was bedeutete das denn praktisch? Wie haben Sie Ihre Rolle gefunden und zu welchem praktischen Handeln sind Sie gekommen? Und mit allem Respekt: Sie waren doch nur eine Frau, umgeben von einer Welt mächtiger Männer. Wo hätten sich für Sie überhaupt Optionen zum Handeln eröffnet?« Dass diese Frage ihre Berechtigung hat, merkt er daran, dass Jana sie so stehen lässt. Wären sie in der Schule, im Sozialkundeunterricht, gewesen: Sie hätte ihm diese Formulierung keinesfalls durchgehen lassen. So merkt er, dass Jana und höchstwahrscheinlich auch er selbst bereits in einer Wandlung stecken, die beim Betreten des Schwetzinger Theaters noch nicht absehbar gewesen war. Und Niklas gibt sich gleichzeitig aufmerksam Rechenschaft darüber, dass sich das beileibe nicht wie eine Entmündigung anfühlt, sondern im Gegenteil eher wie ein Mündigwerden: im Denken, im Fühlen, im Glauben.

So kurzzeitig ganz in seine eigenen Gedanken verstrickt, hat Niklas gar nicht mitgekommen, dass Jana und Katharina das Gespräch schon fortgesetzt haben. »... der Papst im Begriff stand, vollständig in das südfranzösische Avignon überzusiedeln und Rom dauerhaft den Rücken zu kehren«, schnappte er gerade noch aus dem Mund Katharinas auf. ›Aber wäre das denn so schlimm gewesen?‹ hakt Jana daraufhin nach. »Aber gewiss, der Stellvertreter Christi gehört an die Gräber der Apostel Petrus und Paulus; alles andere ist Teufelswerk und Einflüsterung von Dämonen.« Katharina von Siena wird eine Spur unduldsam. Jana und Niklas empfinden wieder einmal dasselbe: Nicht immer kommen sie mit. Nicht bei der Sprache, nicht im Weltbild, nicht bezüglich der Theologie. Zugleich aber merken sie: Würden sie jedes Mal intervenieren, ihr Veto einlegen oder Protest anmelden – sie blieben in ihrer eigenen Blase gefangen und kämen keinen einzigen Schritt voran auf dieser faszinierenden geistigen Reise, die sie in ferne und vergangene Denkwelten führt.

»Mir, einer schwachen Frau und demütigen Braut Christi, ist es gelungen, den Heiligen Vater davon zu überzeugen, an die Gräber der Apostel zurückzukehren und wiederum in Rom seinen Sitz zu nehmen.« Katharina scheint noch beim selben Gedanken zu verweilen. Niklas und Jana sind jedoch weit davon entfernt, diese Leistung angemessen zu würdigen, weil ihnen völlig die dafür erforderlichen Vorkenntnisse in der Kirchengeschichte fehlen. Was sie jedoch deutlich spüren, ist eine Diskrepanz: Sie haben in neun Jahren am Gymnasium gelernt, in Strukturen zu denken, Sachverhalte analytisch zu durchleuchten, sich einer Fragestellung grundsätzlich von mehreren Seiten anzunähern. Diesbezüglich lebt, denkt und fühlt Katharina in einer ganz anderen Welt. Bestimmt könnte man ihre welthistorische Leistung (und das ist sie fraglos!) auch in den Kategorien von Politik, Diplomatie und Psychologie aufschlüsseln und verstehbar machen. Doch darum geht es hier nicht. Gott ist Gott und Katharina von Siena war sein Werkzeug. Mehr muss man eigentlich nicht verstanden haben.

»Ich starb mit 33 Jahren. Im Alter des irdischen Christus.« Katharina hat zwischenzeitlich weitergesprochen und ist nun bereits am Ende ihres eigenen irdischen Lebens angelangt. Begraben bin ich in der Stadt, für die ich so inständig gekämpft habe, in Rom. Ich ruhe in der Basilika Santa Maria sobra Minerva.« Niklas freut sich: »Das ist gleich hinter dem Pantheon, neben dem kleinen Obelisken auf dem Elefanten. Wir waren dort auf der Studienfahrt in der Elften. Es ist die einzige gotische Kirche von Rom.« Katharina schüttelt lächelnd den Kopf: »So Sachen wisst ihr? Ihr scheint mir mehr Touristen zu sein als Jünger des Herrn ...«. Und weg ist sie.

Kapitel 15: Dominikus

Die Laterna Mystica bietet an sich die Fülle aller Farben: Sie ist beileibe kein Schwarz-Weiß-Fernsehen. Trotzdem erscheint nun zum dritten Mal in Folge eine Gestalt, die in ihrem Gewand dank des Mantels genau von diesem Schwarz-Weiß-Kontrast geprägt ist. »Ich bin Dominikus«. Die Vorstellung erfolgt bescheiden und liebenswürdig. »Ich habe jene Gemeinschaft ins Leben gerufen, der sich später auch der heilige Thomas und die heilige Katharina angeschlossen haben. Durch eure Begegnungen mit den beiden eben seid ihr jetzt vielleicht ein wenig voreingenommen. Umso wichtiger ist es für mich, euch die Motive aufzuschließen, wegen derer ich den ›Predigerorden‹ gegründet habe. Die allgemeine Krise der Zeit ist euch ja schon geschildert worden. Es war eigentlich ein ganzes Bündel von Krisen ...«

»Wir haben vom langsamen Übergang in Norditalien vom Mittelalter zur Neuzeit gehört, außerdem von politischen Verwicklungen um den Amtssitz des Papstes. Katharina hat auch die virulente soziale Frage angedeutet«, fasst Niklas seinen und Janas Kenntnisstand zusammen. Der Heilige reagiert unmittelbar darauf: »*Soziale Frage* trifft es ganz gut. Europa war zerrissen. 300 Jahre vor dem Beginn der Reformation in Deutschland und der Schweiz brodelte es gewaltig in einem breiten Bogen um das westliche Mittelmeer. Ich selbst stamme aus Spanien, habe lange in Südfrankreich gewirkt und bin auch häufig in Italien gewesen, wo ich gestorben bin. Die *soziale Frage* bezog sich aber nicht nur auf materielle Unterschiede, die skandalöse Kluft zwischen reichen und armen Menschen. Dies ist in der Weltgeschichte schließlich eher der Normalzustand als die Ausnahme. Aber die Kirche selbst war zu reich geworden: Sie war ein Machtspieler neben anderen, mit dem Papst an der Spitze. Vom Boden des einfachen Volkes her regte sich dagegen Protest. Die Menschen begehrten auf und stellten infrage, dass all dies noch den Vorgaben des Evangeliums Christi entsprach.«

Jana geht kurz dazwischen: »Hatten sie denn so Unrecht damit?« Dominikus erwidert: »Nein, auf keinen Fall. Sie benannten ein ernsthaftes und tatsächliches Problem. Es war letztlich eine existenzielle Fragestellung an die Glaubwürdigkeit der Kirche. Eigentlich muss man es noch härter sagen: Es ging um ihre Daseinsberechtigung. Leider hatten weder Papst noch Bischöfe eine befriedigende Antwort darauf. Sie nannten das Aufbegehren Ketzerei und versuchten es mit Gewalt niederzuhalten. Dabei hatten diese Menschen, von denen die allermeisten nicht einmal lesen konnten, doch genau den Wortlaut des Lebens Jesu verinnerlicht: Wie er selbst arm war und zu den Armen ging; wie er dem Kaiser und seinem Statthalter widerstand; wie er von himmlischen Schätzen sprach, denen weder Rost und Motten etwas anhaben können. Doch betrachten wir es auch von der Gegenseite: Die Menschen, die sich auf das Vorbild Jesu beriefen, entzogen der gegebenen Kirche ihre Grundlage. Denn während dort von Schwestern und Brüdern, Fischern und Zöllnern die Rede war, sahen die Leute in ihrer eigenen Zeit Päpste und Bischöfe in Prunk und weltlicher Macht einherschreiten. Dieser Widerspruch ließ sich auch theologisch nicht wegdiskutieren. Deshalb griff die Kirche zur Gewalt.«

»Was war aber dann Ihre Rolle in der ganzen Sache? Oder weitergefragt: Zu welchem Zweck haben Sie dann Ihren Orden ins Leben gerufen?« Niklas wirkt eher ein wenig besorgt als nur einfach neugierig, als er diese Frage an Dominikus richtet. Dieser gibt zur Antwort: »Ich habe wieder auf das Wort Gottes geschaut. Ich habe den Impuls dieser angeblichen Ketzer aufgegriffen – ob sie nun Katharer, Albigenser oder Waldenser waren. Ich kam nicht mit dem Schwert (wiewohl dieses durch meine päpstliche Beauftragung zugegebenermaßen immer in der Hinterhand war), sondern mit dem Argument, mit der Überzeugungskraft des Wortes und mit dem steten Rückbezug auf unseren Herrn Jesus Christus. Damit dieses Vorgehen jedoch Überzeugungskraft erlangen konnte, lebte ich selbst in Armut. Und der Orden, den ich gründete, war ganz bewusst ein Bettelorden. Das war etwas Neues. Überall sollte ersichtlich werden, dass wir nicht wegen unseres weltlichen Reichtums auftraten. Das Ziel war es, das zu erneuern und vorzuleben, was uns die Evangelien von Jesus und seinen Jüngern schildern: In Armut durch die Lande zu ziehen und die vergebende Liebe Gottes zu verkünden. Mit diesem Ansatz konnten wir viele Menschen wieder zurückgewinnen. Freilich ist insgesamt dennoch viel Blut geflossen. Viel zu viel.«

Alle drei schweigen betroffen. Dann versucht Niklas das Gespräch in eine andere Richtung zu lenken. »Bettelorden gab es im Mittelalter doch mehrere: Dominikaner, Franziskaner, Augustiner-Eremiten, Karmeliten. Es wäre jetzt bestimmt zu viel verlangt, Sie zu bitten, uns die Unterschiede zu erklären. Aber vielleicht können Sie uns sagen, was sie alle gemeinsam haben?« Dominikus greift den Faden dankbar auf. »Ja, das tue ich gerne. Alle Bettelorden fanden ihr ureigenes Betätigungsfeld in den wachsenden und aufblühenden Städten, auch nördlich der Alpen. Während die alten Ordensgemeinschaften bis dahin entweder auf dem Land oder in den Städten hinter hohen Mauern lebten, gingen wir alle zu den Menschen hin und auf sie zu. Da wir unseren Lebensunterhalt ja durch das Betteln und von Spenden bestreiten mussten, blieb uns auch gar nichts anderes übrig. Auch bauten wir (mit der Zeit und nach und nach) unsere Kirchen in neuer Art und Weise: Predigerkirchen mit hohen Gewölben im

Stil von weiten Hallen, wo die Auslegung von Gottes Wort an alle Ohren dringen konnte. Zugleich waren diese Kirchen dank ihrer großen Fenster hell und licht. Sie boten Raum für Gottes befreiendes Wort. Damit begann dann auch die Gotik in Mitteleuropa.«

Jana hat ebenfalls noch ein Anliegen: »Ich kenne mich bei alledem nicht so besonders gut aus. Aber ich weiß, dass in unserer Stadt, in Speyer, ebenfalls einige Klöster bestehen und die Mönche oder Nonnen ganz unterschiedlich gekleidet sind. Gibt es da eigentlich irgendwelche Merkmale, mit denen man zuordnen kann, wer wer ist und wo er oder sie hingehört?« Dominikus gefällt die Frage. »Da merkt man, dass ihr in einer anderen Zeit zuhause seid. Zu meiner Zeit hätte das jedes Kind zu sagen gewusst, kaum dass es von der Brust der Mutter entwöhnt worden ist. Ich will es aber ganz einfach machen. Vielleicht hilft es euch auch für weitere, noch ausstehende Begegnungen in dieser Nacht. Die Benediktiner, die Mitglieder des ältesten Ordens, tragen Schwarz. Franziskaner, Kapuziner, Karmeliten und Minoriten Braun. Wir Dominikaner Weiß und die Zisterzienser Schwarz-Weiß.«

Wieder einmal setzen Niklas und Jana fast gleichzeitig zu einer weiteren Erkundigung an. Niklas möchte noch einmal vom heiligen Dominikus persönlich das spätere heikle Konkurrenzverhältnis zu den Jesuiten aufgeschlossen bekommen; Jana hingegen hat nur eine Verständnisfrage im Sinn: »Was sind Zisterzienser?« Doch der Heilige löst die Situation sehr elegant: Er tritt zurück ins Licht. Auf die erste Frage hat er keine Lust zu antworten. Und die zweite, so denkt er wohl, wird sich über kurz oder lang von allein beantworten …

Kapitel 16: Franz von Assisi

Der Nächste steht im Licht. Eine kleine Gestalt, keinesfalls imposant. Auch die Farbenlehre des Dominikus scheint hier nicht aufzugehen, denn das Mönchsgewand ist weder schwarz noch weiß noch braun, sondern entspricht eher einem Farbton, der herauskäme, würde man die genannten Farben miteinander vermischen: ein unansehnliches dunkles Grau.

»Ich bin Bruder Franz«. Die Stimme nimmt sofort für ihn ein. Wer sie einmal im Ohr hat, wird sie nicht mehr vergessen: sanft und kraftvoll zugleich, voller Leben. Niklas meint immer noch, er müsse sich für Jana zum Fremdenführer im Ausland der Heiligen aufschwingen und sagt: »Viele denken, dass Franziskus derjenige unter allen Heiligen ist, der mit seinem Leben am nächsten am Vorbild von Jesus dran war. Manche bezeichnen ihn sogar als ›alter Christus‹, als den *anderen Christus.*« Dem heiligen Franziskus ist das erkennbar unangenehm. Geflissentlich übergeht er Niklas Einwurf und wendet sich direkt an Jana: »Auch ich komme aus Oberitalien, aus Umbrien, der östlichen Nachbarregion der Toskana. Wie ihr es schon mehrfach gehört habt: Die Städte befanden sich im Aufschwung, nicht nur die großen wie Pisa und Florenz, auch in meiner Heimatstadt Assisi blühten Handel und Wandel. Mein Vater hatte ein Unternehmen für Textilien, wertvolle Stoffe. Er stellte sie nicht selbst her, sondern er stellte sie aus. Sei es auf Messen, sei es in seinem eigenen Ladengeschäft. Bei ihrem Verkauf strich er satte Gewinne ein. Er war sehr stolz auf seinen wirtschaftlichen Erfolg.«

»Dann vermute ich«, spinnt Jana den Gedanken weiter, »dass er mit Sicherheit wollte, dass Sie in das Geschäft eintreten und es einmal weiterführen würden.« Franz blickt zurück in eine doppelt ferne Vergangenheit, die seines irdischen Lebens und die aus dem Blickwinkel der Ewigkeit. »Sagt doch bitte Du zu mir! Aber du hast recht. Das waren seine Pläne mit mir – und als ich in eurem Alter war, hätte ich auch gar nichts dagegen einzuwenden gehabt. Ich lebte auf großem Fuß, ging mit meinen Freunden allen möglichen Vergnügungen nach und versuchte nur, diese arbeitsreiche Zukunft noch ein Stückchen weg von mir zu schieben. Dann jedoch geschahen einige seltsame Dinge …«

Niklas lässt die erlittene Abfuhr nicht auf sich sitzen und bemüht sich, wieder ins Gespräch hineinzukommen: »Das war doch die Begegnung mit dem Aussätzigen und die Sache mit dem sprechenden Kreuz.« Franziskus ignoriert ihn erneut. Unverändert zu Jana sprechend sagt er: »Gott sandte mir Begegnungen und Erfahrungen, die mich nicht gleichgültig lassen konnten. Ich bin dabei tief über mich selbst erschrocken. Dass ich da außerhalb der Stadtmauer einen Leprakranken unversehens ins Gesicht küssen würde! Ich wusste nicht, wie mir da geschehen war. Aber dass ich überhaupt oftmals und länger allein außerhalb der Stadt herumstreifte, zeigte schon, dass ich in eine tiefe Unruhe geraten war. Mein bisheriges Leben, vor allem das in festlichen Geselligkeiten, war mir fragwürdig geworden. Doch ich hatte keine Ahnung, was an die Stelle dessen treten sollte, was ich gewohnt war.

Ein weiteres Mal war ich dann auf den Feldwegen außerhalb von Assisi unterwegs, als ich an einer kleinen Kirche vorbeikam, die fast völlig in Trümmern lag. Hätte man gesagt, sie sei baufällig oder renovierungsbedürftig gewesen, dann wäre das stark untertrieben. Als ich vorüberging, hörte ich klar und vernehmlich eine Stimme: »Franziskus, bau mein Haus wieder auf« Wie jeder vernünftig denkende Mensch zog ich alles Mögliche in Erwägung: Einen Streich meiner Freunde, von denen ich mich mehr und mehr entfremdet hatte; einen Sonnenstich, der mir dieses Trugbild vorgaukelte. Doch mit völlig aufmerksamen Sinnen hörte ich die Aufforderung ein zweites und ein drittes Mal. Keine Menschenseele war in der Nähe und ich war zwischenzeitlich wohlweislich in den Schatten getreten. Da blieb nur noch eine Erklärung übrig. Man muss dazu sagen, dass sie meiner Zeit weniger unmöglich erschien als in eurer: Dass nämlich tatsächlich Christus mich rief mit der Bitte, seine Kirche wiederaufzubauen. In den folgenden Wochen ging ich daran, diesen göttliche Aufforderung in die Tat umzusetzen und die Kapelle nach und nach wieder instand zu setzen. In ihrem Inneren hatte ich eine besondere Kreuzesdarstellung gefunden, weit überlebensgroß. Daran könnt ihr ermessen, dass es bei dem Vorhaben um mehr als die Aufrichtung eines Bildstocks ging. Ich, der feine junge Herr, der Sohn des Tuchhändlers, schuftete da im Schweiße meines Angesichts wie ein Straßenbauarbeiter. Nun, all dies konnte den Einwohnern Assisis natürlich auf Dauer nicht verborgen bleiben.«

Niklas wagt einen dritten Vorstoß, um sich die Aufmerksamkeit des Heiligen zu sichern: »Diese Stimme hatte aber doch eine zweite, tiefergehende Bedeutung, nicht wahr?« Diesmal hat Franziskus ein Einsehen und lässt den Jungen nicht erneut ins Leere laufen. »Ja, nur war mir dies als Jüngling noch nicht klar. Und mit irgendwas musste ich ja anfangen. In mir war eine solche Unruhe, dass es mir guttat, ganz praktisch Stein auf Stein zu schichten. Was hätte ich denn sonst tun sollen? Weitaus später erst ging mir der Doppelsinn auf: Dass es nämlich meine Aufgabe sein sollte, die Kirche an sich wieder zu Christus zurückzuführen, sie also umfassend auch im übertragenen Sinn wieder aufzurichten.« Glücklich über seinen Erfolg versucht Niklas, das nächste Stichwort vorzugeben: »Dazu mussten Sie sich, Entschuldigung: musstest du dich zunächst einmal von deinem Vater und seinen Erwartungen loslösen und dein bisheriges Leben hinter dir lassen.« Franziskus hört in sich hinein, auf seinem Gesicht spiegeln sich möglicherweise widerstreitende Empfindungen. »Das war sehr schwer. Andererseits ging es sehr leicht. Als ich erst einmal die Kleider meines Vaters abgetan hatte und nackt vor aller Augen auf dem Marktplatz stand, bevor ich beim Bischof von Assisi Zuflucht fand: Da war der entscheidende Schritt der Ablösung getan. Es ging nicht mehr zurück. Aber es ging hinaus in die Freiheit!«

»Freiheit kann aber auch Angst machen. Sie kann einen einschüchtern und überfordern«, wendet Jana ein – und Niklas glaubt, in diesem Einspruch etwas von einem Trauma der deutschen Wiedervereinigung herauszuhören. Franziskus widerspricht dem nicht. Doch er sagt: »Ich selbst fand diese Freiheit vor allem auch in der Armut. Nicht als etwas mir Auferlegtes, nicht als etwas, in das ich wider Willen hineingestürzt wäre. Sondern Armut als die Braut, die ich aus freien Stücken gewählt habe, um zu Christus zu gelangen. Die Leute nannten mich den *povorello*. Darin mischten sich zu Anfang sicherlich Geringschätzung und Hochachtung auf ganz eigentümliche Weise. Mir jedoch bahnte die Armut den Weg zur Freiheit, der Freiheit zur Liebe. Zur Liebe zu Gott – und zu den Menschen!

Mein weiteres Leben ist dann mit einem Kranz von Erzählungen und Legenden überzogen. Das ist immer ein sicheres Zeichen dafür, dass man die Seelen der Menschen erreicht hat. Vieles ist überliefert, das sich in die Herzen der Christenheit eingeschrieben hat: Die Predigt zu den Vögeln, die Zähmung des Wolfes von Gubbio, die Aufstellung der ersten Weihnachtskrippe, die Friedensmission zum ägyptischen Sultan. Das Schönste aber war, dass ich diesen Weg der Armut aus Liebe nicht alleine ging. Mir schlossen sich Brüder an, mit denen ich zusammen durch Italien zog. In Assisi selbst hatte sich, unter ähnlichen

Schwierigkeiten wie ich, die heilige Klara von ihrem Elternhaus gelöst und eine Gemeinschaft von Frauen gegründet, die sich demselben Armutsideal verschrieben hatte wie ich mit meinen Brüdern. Unsere neue Art des gemeinschaftlichen Lebens, hauptsächlich das Bekenntnis zur radikalen Armut, forderte natürlich die Kirche heraus und rief auch den Papst auf den Plan. Einen Papst, der im Lateranpalast in Rom dem Höhepunkt von Macht, Einfluss und Reichtum entgegenstrebte. Dieser Gegensatz hätte die Kirche zerreißen können. Doch unsere Bewegung wurde integriert und schuf einen mit Sicherheit notwendigen Ausgleich. Angeblich bin ich gar dem Papst im Traum erschienen und konnte ihn für die Anerkennung unserer Sache gewinnen. Ihn für die Einsicht gewinnen, dass es einen kleinen Mönch braucht, um die mächtige Kirche vor dem Einsturz zu bewahren.«

Niklas hat ein paar Mal zustimmend genickt. Man merkt, dass er sich (zum Glück!) nicht komplett mit seinem Interesse nur auf die Jesuiten konzentriert hat. Eines scheint ihm noch wichtig zu sein. Jede Verlegenheit der Anrede umgehend fragt er nur: »Und der Sonnengesang?« Franziskus schweigt und hört ein weiteres Mal in sich hinein. Ein wenig länger noch als zuvor. »Ihr müsst bedenken, was alles noch geschehen ist. Auch welche Enttäuschungen es gab bei der Formierung meines Ordens. Viele spätere Spaltungen der Gemeinschaft waren in diesem Beginn schon angelegt. Es ist auch ganz gewiss nicht der Weg für alle. Andererseits wurden mir aber auch besondere Gnaden zuteil wie der Empfang der Stigmata, der Kreuzeswunden Jesu in meinem eigenen armen Fleisch. Zum Schluss aber legte ich mich nieder, auf die nackte Erde. Denn Erde war ich selbst und sollte bald zu ihr zurückkehren. In diesem Bewusstsein der eigenen Sterblichkeit und Erdverbundenheit sang ich das große Lied der Schöpfung: *Gelobt seist du Herr – für Sonne und Mond, die Sterne, den Wind und das Wasser, das*

Feuer und die Erde, und schließlich auch für den Bruder Tod, dem kein lebender Mensch entrinnen kann.« Noch einmal bündelt der heilige Franz in seiner grauen Kutte, an deren ausgefransten Enden die Wundmale Christi an Händen und Füßen zart aufleuchten, die ganze Intensität seiner Seele und spricht: »*Lobet und preiset den Herrn und dankt und dient ihm mit großer Demut.*«

Kapitel 17: Bernhard von Clairvaux

Der »andere Christus« hat sich verflüchtigt. Das Licht hatte ihn bereits durchdrungen, bevor er auch nur einen Schritt hineintun brauchte. Die Laterna Mystica flackert wieder ein wenig, bevor sie eine neue Gestalt freigibt. Jana kombiniert schnell: »Schwarz-weiß! Also müsste es eigentlich ein Zisterzienser sein.« Niklas ist verblüfft. Der souveräne Umgang seiner Freundin mit der christlichen Ordenswelt zeugt von einer Selbstverständlichkeit, die er ihr noch vor Stunden nicht im Entferntesten zugetraut hätte. Jetzt wirkt es so, als würde sie die Polizeiuniformen verschiedener deutscher Bundesländer zuordnen, also etwas aus ihrer eigenen Alltagswelt vergleichen.

Die Figur im schwarz-weißen Habit hat inzwischen Aufstellung genommen: mit beiden Beinen fest auf der Erde, soweit das in dieser Konstellation möglich ist. Er strahlt ein großes Selbstbewusstsein aus; er besitzt die Aura eines Menschen, der darin geübt ist, planerische und strategische Entscheidungen zu treffen. »Bernhard«, sagt er, »Bernhard von Clairvaux«. Auch jetzt ist Jana gedankenschneller als Niklas: »Wieso heißt dann aber der Orden, den Sie gegründet haben, nicht Clairvauxianer oder so ähnlich, sondern Zisterzienser?« Bernhard freut sich über die Kombinationsgabe des Mädchens. »Stimmt, das wäre eigentlich naheliegend gewesen. Doch stand das Ausgangskloster, von dem aus mein ganzes Reformwerk seinen Siegeszug antrat, in Citeaux. Angelehnt an diesen Ortsnamen nannten wir dann jede neue Gründung Zisterze.«

»Wo liegen all diese Orte?«, möchte Niklas wissen. Der Heilige erläutert: »Ich stamme aus Burgund, mitten aus dem grünen Herzen von Frankreich. Dort waren auch die vier ersten Reformklöster beheimatet. Von dort aus ging es über den Rhein nach Deutschland, in den hohen Norden Europas und auch in die romanischen Nachbarländer.« Niklas geografische Neugierde ist befriedigt. Nun treibt ihn eine andere Fragestellung um: »Als sie selbst Mönch geworden sind, gab es ihren neuen Orden noch gar nicht. Sie müssen folglich in irgendeinen bestehenden Orden eingetreten sein. Nach Lage der Dinge dürften dies wahrscheinlich die Benediktiner gewesen sein.« Wieder freut sich Bernhard sichtlich: »Vollkommen richtig. Der Konvent, in den ich als junger Mann mit 30 ebenfalls adligen Gefährten eintrat, befand sich bereits auf dem Weg der Reform. Reform bedeutet ja stets den Versuch, zum Ursprungscharisma des Ordens und seines Gründers zurückzukehren. Also nicht eine Veränderung um der Veränderung willen, sondern das Bestreben, zurück zu den Wurzeln zu kommen.«

»Weshalb war das denn erforderlich?« Es wird deutlich, dass bei den Zisterziensern Niklas Vorkenntnisse an sehr enge Grenzen stoßen. »Der Orden des heiligen Benedikt war einfach zu groß, zu reich, zu mächtig geworden. Manche Klöster wie Cluny, das ebenfalls in Burgund liegt, beherbergten mehrere Hundert Mönche. Die Klosterkirche nahm Dimensionen an, die selbst die Bauwerke der römischen Antike in den Schatten stellte. Alles war aus dem Gleichgewicht geraten und Klöster wie das in Cluny waren mehr Agenturen für das permanente Gebet für irgendwelche weltlichen Großen, zumal nach deren Tod, als Stätten der Beschauung und der einer ernsthaften Gottessuche. Wir, meine Brüder und ich, wollten zurück an den Punkt, bevor diese Vermachtung des monastischen Lebens eingesetzt hatte.«

Jana bewegt ebenfalls eine Frage: »Gab es diese Reformbestrebungen nur bei den Männern oder haben sich auch Zisterzienserinnen zusammengeschlossen? Mensch, ist das schwer auszusprechen. Der reinste Zungenbrecher ...« Bernhard nickt: »Unsere Reformbewegung umfasste Männer- wie Frauenklöster gleichermaßen. Nicht immer ging dabei es um Neugründungen, also um den Bau komplett neuer Klöster und ihre Besiedelung mit Mönchen oder Nonnen. Nicht selten traten bestehende benediktinische Klostergemeinschaften zur zisterziensischen Regel über. Es war jedenfalls eine gewaltige Dynamik in dieser Bewegung. Schon zu meinen Lebzeiten gab es über 60 Zisterzienserklöster in Europa, insgesamt wurden es über 300. Mit der Reformation freilich und noch später mit der Französischen Revolution schrumpfte ihre Zahl bis nahe Null. Erst in der zweiten Hälfte des 19. und in der ersten Hälfte des 20. Jahrhunderts gab es wieder einen merklichen Aufschwung. Manche der neuen Brüder nannten sich dann auch Trappisten.«

Niklas hat einen Augenblick gegrübelt und so den letzten Gedankengang des Heiligen teilweise überhört. Ziemlich zusammenhanglos fragt er jetzt: »Bernhard von Clairvaux. Da war doch etwas.« Nun ist es ihm eingefallen: »Sie waren doch einmal in Speyer, bei uns im Dom. Sie haben damals eine Predigt gehalten. Nicht irgendeine, eine Kreuzzugspredigt, den Aufruf ins Heilige Land, nach Palästina, zu ziehen und dort die heiligen Stätten der Christenheit aus den Händen der Muslime zu befreien.« Bernhard bestätigt knapp diese Erkundigung. Niklas hakt nach: »Aber waren Sie denn damit einverstanden, dass das mit Gewalt geschehen sollte, also mit Krieg?« Es hat den Anschein, als ob Bernhard unmerklich mit den Schultern zucken würde. Niklas legt nach: »Und im Zusammenhang mit dieser Kreuzzugsvorbereitung sind hier bei uns am Rhein mehrere Pogrome verübt worden. Noch vor dem Aufbruch ins Heilige Land wurden hier bei uns Hunderte, vielleicht Tausende Juden massakriert. Zusammengetrieben und auf öffentlichen Plätzen bei lebendigem Leibe verbrannt.«

Niklas und auch Jana erwarten eine Antwort, eine Rechtfertigung. Oder aber ein Schuldeingeständnis, das Geständnis eines schweren Irrtums.« Der heilige Bernhard sagt jedoch nur: »Ihr müsst das Geschehen im Licht der damaligen Verhältnisse betrachten. Ähnlich wie beim Hexenwahn in der frühen Neuzeit gab es in dieser Frage ebenfalls eine Art Massenpsychose. Man sah es als gottwohlgefällig an, die Grabeskirche in Jerusalem, die Geburtsgrotte von Betlehem, die Wirkungsstätten von Jesus rund um den See Gennesaret in Galiläa wieder unter christliche Kontrolle zu bringen. Das jedoch ging nur mit Gewalt, denn der Islam hatte sich all dieser Orte bemächtigt. Es erschien unserer Epoche nicht nur legitim, zum Schwert zu greifen, sondern geradezu als Auftrag Gottes. *Deus lo vult* – Gott will es!«

Niklas gibt zu bedenken: »Für die Muslime war und ist Jerusalem aber auch ein heiliger Ort. Von dort aus soll ihr Prophet Mohammed in den Himmel aufgefahren sein. Diese Kreuzzüge, denn es waren ja mehrere, zum Schluss sogar von Kindern, haben Leid und Unheil über die Welt gebracht, die zum Teil noch bis in unsere Zeit nachwirken. Statt dass die drei monotheistischen Weltreligionen in Frieden miteinander auskommen, ist damals die Saat des Hasses ausgebracht worden und vergiftete im Anschluss ein ganzes Jahrtausend. Wo Dialog hätte stattfinden sollen und können, setzte man auf Mord und Totschlag, Brandschatzung und Vergewaltigung, Vertreibung und Zwangstaufen. Das kann doch unmöglich im Sinne Gottes gewesen sein.« »Erst recht nicht eines christlichen Gottes«, presst Jana durch ihre Zähne hervor. Und sie fährt fort: »Religionen sollen die Menschen doch besser machen, die menschliche Ethik übernatürlich absichern, ihnen Frieden und Bereitschaft zur Versöhnung ins Herz legen. Lassen wir das Judentum und den Islam einmal völlig beiseite: Können die Kreuzzüge vor einem christlich gebildeten Gewissen bestehen? Können sie vor Ihrem, dem Gewissen des verewigten Bernhard bestehen?«

Bernhard von Clairvaux schweigt sich aus. Der irdische Reformabt des hohen Mittelalters und der Heilige scheinen im Widerstreit zu liegen. Offenbar gibt es aber auch bei den Heiligen sogenannte »Übersprungshandlungen«. Denn in der Verlegenheit, in die ihn die beiden Millenniums-Jugendlichen gebracht haben, zieht er ein Buch aus den Falten seines Gewands hervor und sagt: »Bevor ihr über mich urteilt, lest meine Werke! Ich habe nicht nur zu Kreuzzügen aufgerufen oder Pogrome in Kauf genommen, ich habe der Kirche großartige Schriften hinterlassen. Vorbildlich im lateinischen Stil, tiefblickend in ihrer Mystik und theologisch das Maß des Jahrhunderts. Seid nicht so streng! Überlegt lieber, was man in knapp 1.000 Jahren über euch sagen wird. Ob *ihr* dem Urteil der Zukunft standhalten könnt. Wir alle sind Kinder unserer Zeit. Da machen selbst wir Heilige keine Ausnahme ...«

Kapitel 18: Hildegard von Bingen

Das Buch ist verschwunden. Mit ihm sein Autor. In der mystischen Laterne wabert das Licht. Jana wagt eine Prognose: »Eigentlich müssten wir jetzt mit dem heiligen Benedikt rechnen dürfen. Was meinst du?« Niklas wiegt den Kopf: »Das wäre ein Sprung von weit über 500 Jahren. Das erscheint mir zu viel auf einmal. An sich müsste es nun mit dem Zeitalter von Karl dem Großen weitergehen. Der wurde immerhin auch heiliggesprochen. Aber warten wir es ab.«

Mit seinem Aufruf zur Geduld wird indessen eine neue Gestalt sichtbar, ganz in Schwarz. Allerdings ist es eine Frau. Über ihrem knöchellangen Gewand trägt sie das Brustkreuz einer Äbtissin. Ihre Haltung ist selbstbewusst und aufrecht. Ein natürlicher Adel liegt in ihren Gesichtszügen. Sie scheint ein für ihre Epoche außergewöhnlich hohes Alter erreicht zu haben. »Ich bin Hildegard von Bingen«, spricht sie, »also gewissermaßen eine Landsfrau von euch. Wie die Stadt Speyer, deren großartiger Dom kurz nach meiner Geburt vollendet wurde, komme auch ich vom Rhein. Aus Rheinhessen genauer gesagt. Bingen ist freilich nicht meine Heimatstadt, lediglich meine hauptsächliche Wirkungsstätte.«

Und sie setzt ihre Ausführung nahtlos fort: »Schon als kleines Mädchen ließ Gott mich in einer Vision seine Herrlichkeit schauen. Auf dem Disibodenberg im Hinterland der Nahe wurde ich im Kloster erzogen. Als Benediktinerin lebte ich zunächst auf dem Rupertsberg, gegenüber von Bingen, an der Nahemündung in den Rhein. Als eigene Gründung errichtete ich das Kloster Eibingen in den Hängen auf der rechten Seite des Rheins. Hier installierte ich eine Priorin zur Leitung der klösterlichen Gemeinschaft. Im Gegensatz zum Kloster Rupertsberg durften in Eibingen auch nichtadelige Frauen eintreten. Doch in meinen inneren Gedanken war ich nie an einen festen Ort gebunden, meine Visionen wiesen mich weit über die jeweiligen irdischen Gegebenheiten hinaus.«

Niklas lauscht aufmerksam. Als Speyrer ist Rheinland-Pfalz sein Heimatbundesland und er geht im Geist die verschiedenen Sprünge über Rhein und Nahe mit. Für Jana hingegen ist das deutsche »Stadt-Land-Fluss« mit Elbe, Weser, Mosel, Main, Rhein und Donau schon erschöpft. Spree und Havel verstehen sich dabei von selbst. Von der Nahe hört sie hier bewusst zum ersten Mal. Niklas wird geradezu schwärmerisch: »Jana, du musst nach dem Abi mal bei Carl Zuckmayer die Besiedlungsgeschichte der Landschaften entlang des Rheins nachlesen! Was sich da im Laufe der Jahrhunderte alles bekämpft und vertragen, geliebt und gekreuzt hat. Das ist schon ein ganz besonderer Menschenschlag. Wir hier in Speyer leben ja am nördlichen Oberrhein; der eigentliche, romantische Rhein beginnt aber erst bei Bingen und reicht dann bis hinauf nach Koblenz. Das Mittelrheintal ist weltberühmt; sogar die Japaner kommen hier her. Wart ab, es wird nicht mehr lange dauern, bis auch die Chinesen da sein werden ...«

Die heilige Hildegard ist amüsiert von so viel Heimatliebe bei einem so jungen Menschen. Sie gibt Niklas jedoch ausdrücklich recht: »Die Orte, an denen wir leben, prägen uns. Wir stehen nicht im luftleeren Raum. Die sanften Hügel mit den Weinreben, die steilen Ufer mit den Burgen darauf, die alten Bischofssitze mit ihrer zum Teil noch römisch-antiken Vorgeschichte: Das ist eine Kulturlandschaft im schönsten Sinne des Wortes. Hier habe ich mein Leben zugebracht, und es war ein langes Leben. Generationen von jüngeren Ordensschwestern durfte ich leiten und begleiten. Ich habe sie auch von der allzu harten Klosterzucht befreit und ihnen Gelegenheit zu Bildung und künstlerischer Tätigkeit verschafft. Selbst Musik und Tanz hatten ihren Platz in unserer Gemeinschaft. Zugleich stand ich mit Bischöfen, Päpsten und Kaisern in Kontakt. Ich beriet die Großen dieser Welt und sie schenkten mir Gehör. Mir, einer Frau, einer Nonne! Meine Aufmerksamkeit galt immer der gesamten Schöpfung mit all ihren Säften und Kräften. Die heilende Wirkung von Kräutern, Steinen und Metallen ließ ich erforschen. Das rechte Maß des Weingenusses habe ich ermittelt; es war gar nicht so wenig. Außerdem beschäftigte ich mich mit Dichtung und Kosmologie. Das ganze Wissen des Universums versuchte ich zu durchdringen. Ich – eine Ungelehrte!«

Jana lässt sich von der Rheinromantik der beiden anderen nicht anstecken. Als Berlinerin ist sie dagegen immun. Die botanischen und medizinischen Erkenntnisse interessieren sie ebenfalls wenig. Auch die Visionen, die Erträge in Dichtung und Musik lassen sie weitgehend kalt. Sie reizt vielmehr zu erfahren, was es mit den diplomatischen Kontakten und der Beratertätigkeit Hildegards auf sich hat: »Welche Konflikte oder Streitfragen Ihrer Zeit wurden denn da an Sie herangetragen?« Hildegard gefällt die forsche und selbstbewusste Nachfrage des Mädchens. »Nun, das betraf Fragen der Bistumspolitik zumal von Mainz und Trier. Noch heute verläuft die Grenze der beiden Bistümer direkt in der Nahe. Doch auch den Papst gewann ich für mich, als es galt den Wahrheitsgehalt und die theologische Qualität meiner Visionen zu bestätigen. Mit Kaiser Friedrich Barbarossa traf ich mich sogar persönlich in der Kaiserpfalz von Ingelheim, nur ein paar Boots-Minuten rheinaufwärts. Dabei blieb ich keineswegs immer hinter den Mauern meiner Klöster. Ich unternahm umfangreiche Reisen den Rhein hinauf und hinab, aber auch an Main und Mosel. Dank der ausdrücklichen Erlaubnis des Papstes durfte ich dabei öffentlich auftreten und sogar predigen! Das war Frauen, auch Ordensfrauen, ansonsten streng untersagt. Die Männer behaupteten nämlich, das Gehirn einer Frau sei zu theologischen Erkenntnissen unfähig.« Sie schnaubt ebenso vernehmlich wie verächtlich.

Niklas hat beim Zuhören wieder einmal ein Stichwort bekommen und kombiniert: »Wenn der Gesprächspartner der heiligen Hildegard der Kaiser Friedrich Barbarossa war, dann befinden wir uns eindeutig noch im hohen Mittelalter. Und sie müsste damit eigentlich eine Zeitgenossin des heiligen Bernhard von Clairvaux sein.« Hildegard schaut ihn ein wenig verwundert an: »In welche Zeit wolltest du mich denn ansonsten stecken? Etwa in die Zeit der Völkerwanderung? Nein, ich nahm Anteil an der Pracht und Fülle des aufblühenden Europas. Und was den heiligen Bernhard angeht: Mit dem stand ich übrigens auch in Briefkontakt. Das ist nämlich ein klarer Vorteil der lateinischen Sprache gewesen. Nationale Sprach- und Landesgrenzen waren da niemals ein Problem.«

Jana hat noch ein Anliegen: »Sie nannten sich selbst eine Ungelehrte oder sogar Unwissende. Und gleichzeitig haben Sie das universale Wissen Ihrer Zeit gesammelt und verarbeitet. Was die Menschen heute von Ihnen wissen, muss doch irgendwie die Zeit überdauert haben. Wie hat das funktioniert?« Die heilige Hildegard anerkennt die Berechtigung dieser Fragestellung: »Ich habe immer Schreiber gehabt, die der lateinischen Grammatik kundig waren. Auch gab es Illuminatoren, die meine Visionen bildlich und künstlerisch umsetzten. So ist auch mein Hauptwerk entstanden: ›*Scivias* – Wisse die Wege‹. Wenn du etwas von der besonderen Schönheit meines Jahrhunderts erfahren möchtest und darüber hinaus, was es mit Gott, der Welt und dem Menschen auf sich hat, dann lege ich dir diese Schrift vor allen anderen ans Herz. Die Briefe mit Päpsten und Kaisern, Königen und Bischöfen mögen irgendwann zu Staub zerfallen. Das aber bleibt und strahlt in den Verstand all jener, die immer noch ignorant und vermessen vom finsteren Mittelalter fabulieren.«

Die Gestalt der heiligen Hildegard verflüchtigt sich nicht so schnell, sie oszilliert im Licht der Laterna Mystica. Vor dem endgültigen Abschied ruft sie noch hinüber: »Wartet noch ein paar Jahre. Dann wird ein deutscher Papst mich auch offiziell zur Heiligen erklären und zur Kirchenlehrerin erheben. Aber behaltet das einstweilen für euch ...« Dann ist sie wirklich weg. Nur ein bisschen Staub scheint noch in der Luft zu schweben: Der Staub von gemahlenem Edelstein, dem Blattgold der Kronen ihrer Mitschwestern, welche sie an hohen Kirchenfesten zusammen mit weißen Gewändern zum liturgischen Tanz trugen und von den vielfarbigen Pigmenten, mit denen die großartigen Miniaturen ausgemalt wurden.

Kapitel 19: Bonifatius

Der nächste Heilige flimmert nicht, er steht sofort markant im Licht. »Winfried Bonifatius!« Eine Vorstellung wie ein Axthieb. Den zwei kurzen Worten kann man schon einen leichten englischen Akzent ablauschen. Niklas scheint zufriedengestellt: »Okay, jetzt sind wir im 8. Jahrhundert. Wenig später wird Karl der Große in Rom vom Papst zum Kaiser gekrönt. Es ist zwar nicht die Zeit der Völkerwanderung, aber immerhin das frühe Mittelalter. Und nach Mary Ward haben wir endlich mal wieder einen Heiligen aus England.« Jana stutzt kurz: »Ich habe immer gedacht, Bonifatius wäre der Apostel der Deutschen. Liegt er nicht sogar in Fulda begraben? Wie kommst Du da auf England?« Niklas gibt ihr zur Antwort: »Im 8. Jahrhundert war längst noch nicht ganz Mitteleuropa für das Christentum gewonnen. In den Wäldern Germaniens lebten noch viele Heiden, die Thor, Odin und Freya als Götter verehrten. Die Missionsgeschichte lief dabei über die britischen Inseln. Von dort aus hat uns das Evangelium erreicht. Der Ausgangspunkt war natürlich Rom, wie könnte es anders sein.«

Endlich kommt Bonifatius selbst zu Wort. Sinnend sagt er »Rom – ich war sogar mehrfach dort. Welche Strapazen, hin und zurück zu Fuß über die Alpen. Aber dann: Welch ein Anblick! Zwar lag die Ewige Stadt damals zum größten Teil in Ruinen und nur wenige Flecken innerhalb der gewaltigen Stadtmauern waren überhaupt noch besiedelt. Und dennoch, an die Gräber der heiligen Petrus und Paulus zu treten, war jedes Mal ein erhebendes Gefühl. Was für ein Unterschied zu meiner Heimat, den grünen Hügeln des südlichen Englands, und den unendlichen

Buchenwäldern von Hessen und Thüringen, neben Bayern mein hauptsächlichen Wirkungsfeld. Auch als Pilger und Besucher 300 Jahre nach dem Untergang des Imperiums fühlte man noch den Puls der antiken Zivilisation und Hochkultur. Selbst wenn dieser Puls inzwischen nur noch schwach schlug.« Jana hat ihren ersten Einwand jedoch nicht vergessen: »Was haben Sie denn gemacht, bevor Sie auf den Kontinent kamen, mehrfach den Papst in Rom besuchten und schließlich zum Apostel der Deutschen wurden? Wie waren ihre Kindheit und Jugend in England?«

Winfried schaut zurück: »Ich wurde schon als Kind ins Kloster gegeben, zur Ausbildung und Erziehung. Das war für einen Abkömmling des Adels üblich, auf dem Kontinent ebenso wie auf unserer Insel. Es ist überflüssig zu erwähnen, dass es ein Benediktiner-Kloster war. Zu dieser Zeit war das der einzige Orden, jedenfalls im lateinischen Westeuropa. All die Reformen und auch die Bettelorden sind Phänomene einer späteren Zeit. Für uns damals galt: Als Mönch warst du Benediktiner, als Nonne Benediktinerin. Und weil das ohnehin klar war, konnte man sich die Bezeichnung im Sinne der Unterscheidung sparen.« »Aber wie sind die Benediktiner überhaupt nach England gekommen«, will Jana wissen – und schiebt sofort nach: »Mit dem Schiff, das ist schon klar, doch wie und warum kam es dazu?« Jetzt kommt der Winfried im Bonifatius zum Vorschein, denn mit einer gehörigen Portion nationalem Stolz erwidert er: »Papst Gregor der Große, selbst ein Heiliger der Kirche, erteilte dem Benediktiner Augustinus den Auftrag, sich mit einer Reihe von Brüdern nach England einzuschiffen, um dort die Fackel des Evangeliums aufzupflanzen. Es war dies in der Zeit, als sich das Römische Reich, jedenfalls sein westlicher Teil, schon im Stadium des Zusammenbruchs befand. Alle möglichen Völkerschaften aus dem Norden und dem Osten fluteten den Kontinent, manche Heiden, manche Anhänger der christlichen Irrlehre des Arius.

In diesem Chaos strebte Gregor der Große nach neuen Ufern. Bei uns Angelsachsen sah er die Zukunft des Christentums in guten und verantwortungsvollen Händen. Von uns aus sprang der Funke der Frohen Botschaft auch über den Hadrianswall nach Schottland und über die Irische See auf die Grüne Insel, wo er sich mit der dortigen keltischen Kultur zu einem wunderbaren Amalgam verband. Derart bereichert und umgeformt strömte die christliche Lehre anschließend wieder auf den europäischen Kontinent zurück. Was dort in den ersten Jahrhunderten seinen zarten Anfang genommen hatte, jedenfalls jenseits der großen römischen Städte, das wurde von uns Engländern, Iren und Schotten gestärkt und auf eine ganz neue Grundlage gestellt.« Bonifatius unterbricht sich: »Nur fürs Protokoll, falls es bei euch beiden so etwas gibt: Der Benediktiner Augustinus, der von Papst Gregor zu uns nach England geschickt wurde, ist nicht identisch mit dem berühmten Gelehrten, dem Bischof von Hippo, gleichen Namens.«

Niklas lenkt den Blick des Heiligen wieder auf seine eigene Tätigkeit: »Das war aber bestimmt keine Ein-Mann-Unternehmung, als Sie von England auf den Kontinent kamen?« Winfried-Bonifatius wirkt etwas unschlüssig: »Sicher, wir ließen uns nicht mehr als Einsiedler in irgendeiner Waldeseinsamkeit oder auf dem Gipfel eines Berges nieder wie unsere irischen und schottischen Vorläufer. Dennoch führten wir unsere Mission im Wesentlichen allein durch. Allein, das heißt ohne weitere Gefährten aus der englischen Heimat. Doch natürlich benötigten wir Helfer und Unterstützer aus den Missionsgebieten selbst. Trotzdem war ich bei weitem nicht der einzige Angelsachse, der sich dieser Sache verschrieben hatte. Selbst aus meiner eigenen Familie waren etliche dabei, Männer wie Frauen. So Willibald und Wunibald, Walburga und Lioba. Doch jeder von uns arbeitete an seiner eigenen Stätte: Willibald und Walburga in Eichstätt an der Altmühl, Wunibald in der bayerischen Oberpfalz und Lioba in Mainfranken. Vor allem hielten sie in den germanischen Missionen die Stellung, wenn ich einmal wieder beim Heiligen Vater in Rom Rücksprache suchte. Der Papst machte mich dann auch zum Missions-Erzbischof und wies mir den Bischofssitz von Mainz zu. Meine Aufgabe und mein besonderes Projekt war es, der Kirche in Germanien ein festes organisatorisches Gerüst zu geben und sie unverrückbar an den Papst in Rom zu binden. So schuf ich unter anderem die Bischofssitze in Erfurt und Würzburg. Meinen Beinamen Bonifatius verdanke ich übrigens ebenfalls dem Nachfolger des heiligen Petrus!«

Jana dämmert etwas. Aus ihrer Grundschulzeit im neuheidnischen Berlin kann sie es eigentlich nicht wissen, vielleicht hat sie es irgendwann danach in Speyer aufgeschnappt: »Haben Sie nicht einmal einen besonderen Baum gefällt?« Bonifatius nickt entschlossen: »Manche der Germanen verehrten noch bestimmte Bäume und sahen sie als heilige Stätten ihrer Gottheiten an. Ein besonders heiliger Baum war die Donar-Eiche in Fritzlar. Um der Bevölkerung die völlige Machtlosigkeit ihrer Götter zu demonstrieren, griff ich selbst zur Axt. Aus dem Holz des gefällten Baumes errichteten wir am Ort eine erste christliche Kapelle.« Und er fährt fort: »Ihr müsst wissen, die Germanen waren keine gebildeten Leute, mit denen man hätte theologische Diskussionen führen können. Hier musste man Taten sprechen lassen, Zeichen setzen, genauso wie das schon die Propheten Israels im Alten Testament getan haben. Außerdem setzten wir neue Maßstäbe im Umgang mit Kranken, Alten und Hilflosen. Wo der alte Glaube nur die urwüchsige Kraft und die persönliche Stärke gelten ließ, übten wir Nächstenliebe und Barmherzigkeit. Das heißt: Wir predigten diese christlichen Werte nicht nur; wir lebten sie vor und stellten sie tagtäglich unter Beweis. Der neue wahre Glaube merzte nicht nur die Symbole des alten falschen Glaubens aus, sondern etablierte auch eine neue

Ethik. So erreichten wir vielleicht nicht so sehr die Köpfe, aber umso mehr die Herzen der Menschen.«

Niklas wagt eine Provokation: »Die Herzen der Menschen in Friesland haben Sie dann aber nicht unbedingt erreicht!« Der Heilige reagiert nicht ungehalten. Sein Gesicht strahlt: »Dass mir das noch vergönnt sein würde, hatte ich nicht zu hoffen gewagt! In hohem Alter durfte ich noch das Martyrium für Christus erleiden. Ich muss gestehen, dass ich es auch ein wenig darauf angelegt hatte, als ich zu den Friesen aufbrach. Sie waren wild und ungebärdig und für das Christentum noch längst nicht endgültig gewonnen. Der Anschlag auf mein Leben, dort in ihrem Land nahe der Nordseeküste, konnte mich also nicht überraschen. Das Buch, mit dem ich den tödlichen Stich abzuwehren suchte, war zum Glück nicht dick genug, um mir die Märtyrerkrone zu rauben. Mein Leichenbegängnis war dann außerordentlich. Auf dem Rhein ging es gegen den Verlauf der Strömung hinauf bis Mainz. Auf dem Landweg geleitete man meinen toten Körper über den erloschenen Vulkankegel des Vogelsbergs nach Fulda. Fulda an der Fulda: Das war mein Lieblingsplatz in allen Missionsgebieten Germaniens. Auch hier hatte ich ein Kloster errichtet. Ein Benediktiner-Kloster selbstverständlich, denn etwas anderes gab es bekanntlich noch nicht. Die Mainzer müssen bis heute damit klarkommen, dass ihr eigener Bischof, der Apostel der Deutschen, den Dom von Fulda dem ihren vorgezogen hat.«

Den Heiligen zieht es zurück ins Licht. Den beiden Jugendlichen gibt er eines noch mit auf den Weg: »Vergesst niemals, wie wichtig England für die Entwicklung Europas gewesen ist. Was alles auch noch passieren mag, in 15 oder 20 Jahren, schreibt England nicht ab und lasst nicht zu, dass es sich von Europa dauerhaft entfernt. Wir gehören zusammen, wir verdanken uns wechselseitig so viel. Kein Krieg und keine Volksabstimmung darf das je zerstören!« Aus diesen letzten Bemerkungen werden

Niklas und Jana nicht ganz schlau. Das mit dem Krieg, das immerhin können sie einordnen. Genau genommen waren es ja zwei Weltkriege, in denen sich Germanen und Angelsachsen, Deutsche und Engländer, feindlich gegenüberstanden. Aber was Bonifatius mit der Volksabstimmung gemeint haben mag, das entzieht sich ihrem Vorstellungsvermögen. Der Heilige jedoch, mit den Tönen eines gregorianischen Chorals auf den Lippen, ist wieder ins Licht zurückgetreten – und verschwunden.

Kapitel 20: Gallus

An seiner Stelle taucht ein weiterer Mönch auf. Er wirkt etwas mitgenommen, auch sein Gewand hängt teilweise in Fetzen. »Ich bin Gallus. Der Kelte« stellt er sich vor. Niklas und Jana haben noch die Ausführungen des Bonifatius im Ohr: »Dann stammen Sie also aus Irland?« erkundigt sich Niklas. »Ja, ich zog als Wandermönch durch Mitteleuropa. Zunächst erfuhr ich meine Vorbereitung beim heiligen Columban, meinem verehrten Lehrer, in den französischen Vogesen. Mit ihm gemeinsam und weiteren Gefährten waren wir von Irland über Britannien auf den Kontinent gekommen.« Einen Moment verfällt der Heilige ins Grübeln. Dann sagt er: »Eigenartig, dass gerade ich zu euch gesandt wurde und nicht Columban. Er hat im Vergleich weit Bedeutenderes geleistet – bedauerlicherweise hatten wir über mehrere Jahre unsere Differenzen. Vielleicht kann ich bei dieser Gelegenheit ja einiges klarstellen.«

»Dürfen wir nachfragen, in welcher Zeit Sie gewirkt haben?« bittet Jana. Der Heilige gibt sich aufgeschlossen: »Gewiss, es war das 7. Jahrhundert nach Christi Geburt. Rund hundert Jahre bevor die Angelsachsen die Missionstätigkeit bestimmten. Ich möchte dem heiligen Winfried-Bonifatius ungern widersprechen, doch er hat uns Iren und Schotten doch in ein fragwürdiges Licht gestellt. Was er euch sagte, das war mehr *Laterna Polemica* als Mystica. Wir hatten eben unserer eigenen Traditionen, auch einen mehr persönlichen Zugang zum Glauben. All diese Fragen der Organisation und Hierarchie waren uns weitaus weniger wichtig. Zudem zogen wir noch ohne größere Begleitung in die Wildnis. Unser Missionswerk glich einem fortwährenden Expeditionsunternehmen. Nicht überall wurden wir geduldet oder gar freundlich willkommen geheißen. Nicht selten mussten wir überstürzt eine Gegend verlassen. Ohne den Schutz eines lokalen Fürsten war es beinahe aussichtslos, gegen die Feindseligkeiten der einheimischen Heiden standzuhalten.«

»Wo überall haben Sie denn versucht, für den christlichen Glauben den Boden zu bereiten?« möchte Niklas wissen. Dem Heiligen, obgleich längst verewigt, sind die Strapazen seiner Missionsreisen noch anzumerken. Er sammelt sich kurz und sagt: »Es war vor allem Alemannien, das Gebiet rund um den Bodensee, vorwiegend die Schweizer Seite. All dies war ja noch ein einziger Urwald bis hinauf nach Appenzell. Meine Klause als Einsiedler errichtete ich an jenem Flecken, aus dem später das berühmte Kloster Sankt Gallen und die gleichnamige Stadt hervorgingen. Als ich dort ankam, war es ein kleiner Bachlauf im baumbestandenen Nirgendwo.« Jana wagt sich einen Schritt weiter vor: »Sie sprachen einen Konflikt mit Ihrem Lehrer Columban an.« Gallus schaut unglücklich: »Dieser Konflikt zog sich mehrere Jahre hin. Letztlich bis zu Columbans Tod. Es handelte sich um eine Unstimmigkeit bezüglich meiner Motivation, gemeinsam mit ihm weiter ins Reich der Langobarden nach Norditalien zu gehen. Doch ich war damals erkrankt, hatte hohes Fieber. Columban aber unterstellte mir zu simulieren, die Erkrankung nur vorzutäuschen. So brach er alleine auf – und legte einen schweren Bann auf mich.«

Jana ist ehrlich erschrocken. Sie wollte dem armen Mann nicht zu nahetreten. Sie fragt vorsichtig: »Was hatte es mit diesem Bann auf sich?« Doch Gallus scheint eher froh über die Gelegenheit, sich die Angelegenheit von der Seele zu reden: »Er verbot mir die Heilige Messe. Weder durfte ich sie halten noch an ihr teilnehmen. In mönchischer Gemeinschaft fast ein Ding der Unmöglichkeit. So blieb mir nur die Lebensform des Eremiten, ein Leben als Einsiedler oberhalb des Bodensees. In der Nacht des Todes von Columban spürte ich jedoch unvermittelt, dass der Bann aufgehoben war und ich konnte einige Brüder in und um meine Klause sammeln. Dort nahm dann alles seinen Anfang am alemannischen Meer. Es sollte jedoch noch fast ein Jahrhundert vergehen, bis auf der nördlichen Seite des Sees, auf der Insel Reichenau, das Leben der Benediktiner seinen großartigen Aufschwung nahm. Aber in meiner Einsiedelei, mitten im Wald, lag der Anfangspunkt. Als dann bald nach meinem Tod die Wikinger Irland und die übrigen britischen Inseln brandschatzten, kamen etliche irische Flüchtlinge auf den Kontinent und fanden Zuflucht an meinem Grab im Kloster Sankt Gallen. Es wurde zu einem Hort keltischer Gelehrsamkeit, zu einem hellen Licht in der frühen Dämmerung des Mittelalters.«

Die unmittelbare Neugierde der beiden Jugendlichen ist gestillt, weitere Nachfragen haben sie nicht. Ein klein wenig unwirsch sagt der heilige Gallus: »Langsam wird mir klar, weshalb ich und nicht mein großer Lehrmeister Columban zu euch geschickt wurde. Ich bin offensichtlich nur ein ›Übergangsheiliger‹, um die zeitliche Kluft zwischen Bonifatius und der römischen Spätantike zu überbrücken. Danke auch.« Diesen sarkastischen Dank schickt er an die Laterna Mystica, nicht an Niklas und Jana. Von ihnen verabschiedet er sich artig: »Nichts gegen den Apostel der Deutschen. Aber er war bei weitem nicht der erste von den britischen Inseln, der das Christentum in die Fläche, die Tiefe und Breite Germaniens getragen hat. Auch ist die benediktinische Ordensregel, die für ihn verbindlich war, durchaus nicht die einzig mögliche und denkbare gewesen. Auch Columban hat eine Regel des mönchischen Zusammenlebens verfasst, die einen langen Zeitraum gleichberechtigt neben der *Regula Benedicti* bestand. Um es noch einmal auf den Punkt zu bringen: Bevor die fränkische Kirche römisch wurde, haben *wir* den Glauben wachgeküsst. Es waren wir Wandermönche aus Irland und Schottland, die als erste das Feuer entfacht haben. Bonifatius hat dann ein paar Scheite nachgelegt und zugegebenermaßen Ordnung in die Sache gebracht. Nicht weniger, aber auch nicht mehr!« Mit diesem sehr selbstbewussten Statement empfiehlt sich der heilige Einsiedler – und ist weg.

Kapitel 21:
Gregor der Große

Schon ist die vakante Stelle erneut besetzt: Ein Mann, ein augenscheinlich hoher Kleriker im liturgischen Gewand eines Erzbischofs, steht im Licht. Kein Blinzeln, keine Regung ist in seinem Gesicht zu sehen. Dieser Mann weiß, wer er ist und was er kann. Er ist sich seiner Bedeutung fraglos bewusst, jedoch ohne Arroganz auszustrahlen. »Mein Name ist Gregor«, stellt er sich vor. »Ich war der erste Papst dieses Namens.« Niklas ist begeistert: »Der erste Papst in diesem ganzen Reigen von Heiligen. Und dann gleich Gregor der Große! Er ist in vielerlei Hinsicht ein ganz besonderer Nachfolger des Apostel Petrus gewesen. Mit ganz vielfältigen Begabungen. Sogar in der orthodoxen Kirche wird er verehrt. Das hat sonst kaum einer unserer westlichen beziehungsweise lateinischen Heiligen geschafft.«

Bei Jana hat es jedoch noch nicht Klick gemacht. Sie schaut ihre beiden Gesprächspartner fragend an. Niklas versucht, ihr auf die Sprünge zu helfen: »Denk doch an die Musik, den Gregorianischen Choral! Das wirst du doch bei uns im Dom schon einmal gehört haben – und wenn es auch nur bei einem Konzert war.« Doch Gregor schüttelt energisch den Kopf: »Der Lorbeer, den du mir flichtst, gebührt mir gar nicht. Das mit dem angeblich gregorianischen Choral, der Gregorianik insgesamt, ist lediglich eine Zuschreibung späterer Jahrhunderte.« Und direkt an Niklas gewandt, sagt er: »Es tut mir leid, dich enttäuschen zu müssen. Aber damit habe ich nichts zu tun.«

Niklas wirkt etwas in seinem Schwung gebremst. Doch er lässt nicht locker: »Sie waren aber auf jeden Fall ein großer Schriftsteller und Briefeschreiber. Selbst für das Kirchenrecht haben sie Wegweisendes geleistet. Und ohne Sie wüssten wir fast gar nichts über den heiligen Benedikt, den Begründer des abendländischen Mönchtums.« Er schaut zu Jana hinüber: »Die lateinische Christenheit hat vier hauptsächliche und bedeutende Kirchenväter: Ambrosius, Augustinus, Hieronymus und eben Gregor. Papst Gregor der Große. Allein schon bei dieser Aufzählung merkt man, in welcher Liga er spielt.« Jana hingegen ist nur mäßig beeindruckt. Die ganzen Namen sagen ihr im Grunde nichts. Und die Überlegung, was nun ein Kirchenvater sein soll, hat ihr bislang auch noch nicht den Schlaf geraubt. Deshalb lässt sie die Lobpreisung ihres Schulkameraden ins Leere laufen und bittet den Heiligen freundlich: »Könnten Sie uns etwas über ihr Leben erzählen? Zum Beispiel, wie Sie ihre klassische Bildung erworben haben. Und wie Sie dann Papst wurden? Was war das überhaupt für eine Zeit, in der Sie lebten?«

Gregor setzt jetzt zu einer längeren Ausführung an: »Ich stamme aus einer adligen Senatorenfamilie in Rom. Nach meiner rhetorischen und juristischen Ausbildung trat auch ich, wie bereits meine Vorfahren, in den Staatsdienst ein. Freilich waren die Zeiten sehr bewegt. Das weströmische Imperium war einige Jahrzehnte zuvor untergegangen. Wir, das stolze Rom, das ehemalige Haupt der Welt, hingen nun gleichsam als Marionetten verwaltungstechnisch an der Stadt Ravenna, diesem Emporkömmling an der Adriaküste. Dort regierte der Exarch, der Beauftragte und Statthalter des oströmischen Kaisers in Konstantinopel. Kurz gesagt, für eine richtige Karriere, den *cursus honorum*, waren dies denkbar ungünstige Umstände. Mir fehlte die berufliche Perspektive. Also wurde ich Mönch. Ich gründete sogar selbst ein Kloster in unserer Familienvilla in Rom. Man mag es sich gar nicht vorstellen, aber dieses Kloster besteht noch heute, beinahe anderthalbtausend Jahre später!«

Jana will den Redefluss nicht unterbrechen, doch sie wirft ein: »Aber das war doch erst einmal ein gewaltiger Karriereknick: Eben noch ein hoher Staatsbeamter, wenn auch auf einem mehr als schwankenden, vielleicht sogar sinkenden

Staatsschiff. Und dann ein Mönch! Von einem Tag auf den anderen?« Gregor nimmt ihr die Einrede nicht übel und greift die Frage auf: »Es war eine Welt im Umbruch. Eine Ordnung, die über tausend Jahre getragen hatte, war in sich zusammengebrochen. Alle bisherigen Gewissheiten zählten nicht mehr. Es war in keiner Weise absehbar, wohin sich das Ganze noch entwickeln würde.« Er hält einen Moment inne: »Ich bin überzeugt, dass ihr dem heiligen Benedikt noch begegnen werdet. Fragt bei ihm nach! Er stand ja vor einer sehr vergleichbaren Situation, nur eben ein Jahrhundert vor mir, in der akuten Phase des Zusammenbruchs, als eben der letzte weströmische Kaiser von den Barbaren abgesetzt worden war.« Jana muss unpassender Weise grinsen: »Mensch Niklas, ist dir klar, dass *wir* die Nachfahren dieser Barbaren sind? Ihr westlich des Rhein könnt ja wenigstens euer römisches Erbe hochhalten. Aber wir Berliner stehen zu unseren barbarischen Wurzeln!« Niklas mahnt seine Freundin mit einem strengen Blick, die Rede Gregor nicht ins Lächerliche zu ziehen. Beflissen wendet er sich an den Kirchenvater und bittet ihn fortzufahren.

Gregor nimmt den Faden wieder auf: »Ich blieb allerdings kein einfacher Mönch. Aufgrund meiner vielfältigen Vorkenntnisse und bestimmt auch meiner Verbindungen in die stadtrömische Gesellschaft nahm mich bald mein Vorgänger in den päpstlichen Dienst auf. Er übertrug mir auch gleich eine besondere Mission am Kaiserhof in Konstantinopel. Fast sechs Jahre tat ich dort meinen Dienst, obwohl ich anfänglich das Griechische, die dortige Umgangs- und Verwaltungssprache, nur unzureichend beherrschte. Nach meiner Rückkehr wurde ich zunächst päpstlicher Berater und einige Zeit darauf selbst zum neuen Papst gewählt. Ich war überhaupt der erste Mönch, der Nachfolger des Petrus wurde. Vor mir lagen beinahe 15 Jahre, in denen ich die Kirche steuern und lenken durfte. Ich habe mich redlich bemüht, neue Impulse zu setzen und die Kirche in dem Maße zur dominanten Instanz zu machen, in dem die weltliche Macht des vormals heidnischen Rom verfiel und schließlich völlig am Boden lag.«

»Was waren das denn für Initiativen, die Sie als Papst ergriffen haben?« erkundigt sich Niklas. »Zumindest eine davon kennt ihr schon«, antwortet Gregor, »und sie war äußerst weitreichend und gnadenvoll für die Entwicklung der Kirche. Ich sandte den Benediktinermönch Augustinus auf die britischen Inseln. Ich konnte damals nicht ahnen, welches Wachstum das nach sich ziehen würde. Ansonsten habe ich viel Zeit auf Diplomatie verwandt, vor allem im Hinblick auf das germanische Volk der Langobarden, das von Norden her in Italien eingefallen war und immer weiter südlich strebte, auf Rom zu. Gerne möchte ich aber auch noch auf meine Schriften zu sprechen kommen, denn ich denke, dass sie neben der England-Mission zum wichtigsten Erbe meines Pontifikates gehören. Ich habe unzählige Briefe abgefasst, von denen ein Großteil der Nachwelt erhalten geblieben ist. Außerdem habe ich die ›Dialoge‹ verfasst, die sich nicht nur in der lateinischen Christenheit, sondern auch im griechischen Osten größter Beliebtheit erfreuten. Auch in kirchenrechtlicher Hinsicht konnte ich Maßstäbe setzen. So gelang es mir, die Bestrebungen zu zwangsweisen Taufen von Juden abzuwehren und dies auch als Leitlinie bis ins hohe Mittelalter durchzusetzen.«

Jana und Niklas schauen sich an. Ob es das jetzt gewesen ist? Bisher haben sich die Heiligen immer von sich aus ins Licht zurückgezogen und mussten nicht eigens oder förmlich von ihnen verabschiedet werden. Doch eine Sache scheint Gregor noch wichtig zu sein: »Ihr wisst, dass der römische Papst verschiedene Ehrentitel trägt. *Pontifex Maximus* zum Beispiel: ›Größter Brückenbauer‹. ›Nachfolger des Apostelfürsten Petrus‹ ist ein anderer. Mir verdankt die Kirche einen weiteren Titel, den ich selbst eingeführt habe: *Servus Servorum Dei.* ›Diener der Diener Gottes‹. Mit diesem neuen Titel, so glaube ich, habe ich auch das Ideal meines Mönchtums in mein Pontifikat eingespeist.«

Kapitel 22: Benedikt von Nursia

Kaum dass der eine Mönch, also Papst Gregor, im Licht der Laterna Mystica verschwunden ist, steht schon der nächste bereit. Es ist jedoch nicht irgendein Mönch, sondern der Vater des abendländischen Mönchtums in Person. Das wird klar, als er seinen Namen nennt: »Benedikt von Nursia«. In einer schlichten schwarzen Kutte ist er vor den Augen der beiden Jugendlichen erschienen. Diese registrieren mit Zustimmung, dass sie nun einen Haken auf der Liste machen können (einer Liste, die sie selbst nie erstellt haben). Andererseits merken beide, dass ihre sehr menschliche Aufmerksamkeitsspanne angesichts dieses ungebrochenen Reigens von Heiligen langsam erschöpft ist. Niklas ertappt sich bei dem Gedanken: »Okay, noch 500 Jahre, dann haben wir es geschafft.« Weil er jedoch zugleich über diese schnöde Rechnung erschrickt, sammelt er seine verbleibende Konzentration und fragt: »Abt Benedikt, Sie haben eine Ordensregel verfasst, die für viele Jahrhunderte und bis heute maßgeblich geblieben ist. Haben Sie sich das alleine ausgedacht oder gab es da Quellen und Vorbilder, auf die Sie sich stützen konnten?«

Dieses Mal wartet Jana den weiteren Verlauf nicht ab, sondern schlüpft gleich in ihre Rolle aus dem vorangegangenen Gespräch: »Könnten Sie uns zuvor noch etwas zu Ihrer Person und Ihrem Leben sagen?« Benedikt geht bereitwillig auf diese Bitte ein: »Zu den Zeitumständen meines Lebens muss ich euch ja nichts mehr sagen; das hat Bruder Gregor eben schon getan. Vier Jahre vor meiner Geburt dankte mit Romulus Augustulus der letzte Kaiser des Westens ab. Als ich selbst aus meiner Heimat im italienischen Apennin zum Studium nach Rom kam, herrschten dort Ausschweifung und Laster. Ich war davon abgestoßen und sah zu, dass ich die Hauptstadt alsbald wieder verließ. Verzeiht mir den anachronistischen Vergleich, aber euch als Deutschen kann ich ihn zumuten. Das Ganze war wie in der Berliner Reichskanzlei im Frühjahr 1945, als alle (außer vielleicht eurem Führer) wussten, dass ihr Weltkrieg verloren und die Apokalypse nicht mehr abzuwenden war. Eine solche Stimmung, Sittenlosigkeit im Angesicht der nahenden Katastrophe, hatte sich auch im kaiserlich verwaisten Rom breit gemacht. Es gab im Grunde keinerlei Orientierung, keinen moralischen Kompass mehr.«

Jana möchte den Bericht beschleunigen: »Und was machten Sie dann?« Benedikt geht sofort darauf ein: »Ich verließ Rom und zog mich in die Einsamkeit der Berge zurück. Zeitweilig schloss ich mich auch anderen Einsiedlern an. Mir wurde aber rasch klar, dass bei all diesem Mönchs- und Einsiedlerleben ein gewaltiger Mangel an Organisation bestand. Ich erkannte es als meine Aufgabe, hier für einheitliche Verhältnisse zu sorgen. Und zwar mithilfe einer Regel, einem Leitfaden für das gemeinsame Leben von Menschen, die der Welt entsagt haben, um künftig nur noch Gott und dem Gebet zu leben. Und der Arbeit, möchte ich hinzufügen. Doch mein erster Versuch, eine solche Gemeinschaft als Abt zu leiten, ging gründlich schief. Um ein Haar hätten sie mich vergiftet. Erst auf dem Montecassino nördlich von Neapel gelang es mir, eine klösterliche Gemeinschaft aufzubauen, die Aussicht auf Dauer bot, auch über meinen Tod hinaus. Hier herrschten die wesentlichen Elemente mönchischen Lebens: Zeit für das gemeinschaftliche Gebet, Zeit für die persönliche Bibellektüre und Betrachtung, Zeit für körperliche Arbeit. Das Wichtigste war für mich ein klar gegliederter Tagesablauf, eine feste Struktur.«

Niklas tastet sich noch einmal nach vorne: »... womit wir wieder bei meiner Ausgangsfrage wären.« Benedikt erinnert sich: »Ja, die Antwort darauf ist von Belang. Und sie lautet: Nein! Ich habe mir das keineswegs alles selbst und alleine ausgedacht. Ich habe ganz bewusst Nachforschungen betrieben. Das heißt, ich habe mich kundig gemacht, was da alles bereits im Umlauf war. Meine Quellen und Vorbilder lagen dabei vor allem im Osten, also im monastischen Leben des oströmischen Reiches, das früh ganz eigene Traditionen ausgebildet hatte. Ich prüfte alles und behielt das, von dem ich annahm, dass es für unsere westlichen Verhältnisse passend sein könnte. Mir war dabei vorrangig das Prinzip des Gehorsams wichtig. Das war bestimmt dann auch der römische Zug in meinem Unterfangen. Römisch im Sinne von: klar gegliedert, rational, effektiv. Ein Kloster ist schließlich keine Kommune und kein Wolkenkuckucksheim. Jeder Mönch und jede Nonne suchen und fragen ganz persönlich nach Gott, sie schenken ihm ihr unverwechselbares Leben. Doch wenn dies in der Form einer wirklichen Gemeinschaft geschehen soll, braucht es als Erstes und vor allem: Ordnung! Ordnung und Struktur. Und die Gebundenheit an einen Ort, die *stabilitas loci.*«

Jana wagt einen Einwand: »Was ich über Jesus weiß, ist, dass er mit seinen Jüngern quer durch das ganze Land gezogen ist, ohne irgendeine schriftliche Regel.« Niklas greift diese Überlegung auf: »Auch die Apostel sind nach Jesu Tod und in seinem ausdrücklichen Auftrag in alle Welt gegangen und haben sich nicht an einem festen Ort niedergelassen. Das biblische Vorbild im Neuen Testament können Sie also nicht als Argument für sich in Anspruch nehmen.« Soviel offenen Widerspruch ist Benedikt, als gewesener Abt zumal, nicht gewohnt. Er bemüht sich spürbar, dies nicht als Respektlosigkeit ihm gegenüber auszulegen und setzt zu einer neuen Erklärung an: »Meine Kinder, ihr könnt doch nicht die ein bis maximal drei Jahre des Auftretens von Jesus mit der Lebensspanne eines Mönches oder einer Nonne vergleichen. Als Gott in Jesus Christus Mensch wurde und er für eine solcherart begrenzte Zeit über die Erde wandelte, da war das eine Ausnahmesituation. Er musste sein Evangelium, die frohe Botschaft von der Errettung aller Menschen durch Gott ja zu möglichst vielen Menschen tragen. Und auch nach seinem Tod und seiner Auferstehung bestand für die Apostel dieselbe praktische Notwendigkeit.

Doch seitdem waren 500 Jahre vergangen. In allen Ländern rund um das Mittelmeer hatte man die Botschaft vernommen und fast alle Menschen hatten die Taufe empfangen. Wenn jetzt noch irgendwelche religiösen Spinner, entschuldigt den Ausdruck, umherzogen, sich mal hier mal dort durchfüttern ließen und den längst etablierten christlichen Gemeinden zur Last fielen, dann war das nicht mehr tragbar. Es entwickelte sich im Laufe der Zeit zu einer regelrechten Landplage: Stinkende, langbärtige, fabulierende Gestalten, die keinen produktiven Beitrag leisteten. Weder in der weltlichen noch in der kirchlichen Gemeinschaft. Nein, hier musste dringend Ordnung geschaffen werden. Solche Auswüchse passten weder in mein Jahrhundert noch in den römischen Kulturkreis. Jesus war die Ausnahme, wir sind die Regel. Und deshalb brauchen und haben wir sie auch: die Regel.«

Niklas und Jana, selbst ein Gespann aus West und Ost, bleiben bei dieser Kulturkritik, wenn auch aus einschlägig berufenem Mund, doch reichlich skeptisch. Der strukturierte Westen gegen den zügellosen Osten, Ordnung gegen Wildwuchs, Amt gegen Charisma: Das war zu weit von ihrer Realität auf der Schwelle zum dritten Jahrtausend entfernt. Allerdings fehlte ihnen mittlerweile der Biss, sich mit Benedikt grundsätzlicher auseinanderzusetzen. So ließen sie seine Worte stehen und nahmen sie zugleich als Schlusswort. Auch die Laterna Mystica hatte ein Einsehen – und nahm Benedikt in die himmlische Ordnung zurück. Die beiden Jugendlichen jedoch überlegten, wie viele Heilige sie wohl noch von der »Stunde Null« trennten und wer ihnen nun als Nächster gegenübertreten würde …

Kapitel 23: Augustinus von Hippo

Sie brauchen nicht lange zu rätseln. Denn der, der folgt, nennt unmittelbar seinen Namen – und nicht nur diesen: »Augustinus. Augustinus von Hippo. Professor für Rhetorik, Bischof, Autor, Kirchenvater, Weichensteller der christlichen Lehre für viele Jahrhunderte. Eben darum bitte nicht zu verwechseln mit Augustinus von Canterbury.«

Diese Vorstellung ergeht so sachlich, so ohne alle Überheblichkeit, wie das wohl nur aus dem Blickwinkel der Ewigkeit heraus möglich ist. Jana fragt zur Sicherheit nach und wendet sich dabei an Niklas neben ihr: »Wer war noch mal Augustinus von Canterbury?« Dieser kann ihr die Nachfrage schnell beantworten: »Das war der Benediktinermönch, den Papst Gregor der Große nach England geschickt hat.« Augustinus von Hippo knüpft direkt daran an: »Auch Geografie ist ein wichtiges Wissensgebiet, das man zu keiner Zeit vernachlässigen sollte. Während mein Namensvetter von Rom aus in den Norden aufbrechen würde in Richtung *ultima thule*, so führte mich mein Lebensweg von Süden aus, von Nordafrika, zunächst nach Rom, dann nach Mailand. Die längste Zeitspanne verbrachte ich aber wieder zuhause, in jenem Landstrich, der heute zu Algerien gehört. Wenn man es recht betrachtet, bin ich also der erste Afrikaner, den die Laterna Mystica hervorgebracht hat. Nun, es war damals noch die römische Einheitswelt rund um das Mittelmeer, das wir nicht umsonst das *mare nostrum* nannten. Weder in Kultur noch in Sitten waren wir so verschieden; auch nicht, was die Hautfarbe anbelangt. Ein Schwarzafrikaner bin ich schließlich zuallerletzt.« Als er merkt, dass Jana ihm einen äußerst

kritischen Blick zuwirft, beeilt er sich hinzuzufügen: »... was natürlich in keiner Weise ein Problem darstellen würde. Vielleicht seid ihr in eurer Epoche ja über allen Rassismus hinweg. Schön wäre es doch, nicht wahr?!«
Das Aufbegehren Janas ist durch diese ironische Replik rasch erloschen. Der Heilige gibt sich Rechenschaft, dass den beiden Jugendlichen offenbar langsam sowohl die Kondition als auch die Konzentration abhandenkommt. Rücksichtsvoll bietet er ihnen an: »Ich möchte genauso wenig prahlen wie eben bei meiner Vorstellung. Doch mein Leben ist wirklich spannend und abwechslungsreich gewesen, voller Konflikte und Neuanfänge. Was haltet ihr davon, wenn ich einfach mal erzähle – und ihr hört zu? Für spätere Rückfragen stehe ich dann jederzeit zur Verfügung. Hebt sie euch einfach bis zum Ende auf. Ich verspreche euch schon jetzt: Ich werde um das umfangreiche Werk meiner bahnbrechenden theologischen Schriften einen großen Bogen machen und mich ganz auf meine persönliche Lebensgeschichte beschränken. Deren Faszination und Unterhaltungswert stehen außer Frage ...

Mein Elternhaus war religiös gespalten. Mein Vater hing den althergebrachten heidnischen Kulten an, meine Mutter war eine glühende Christin. Offengestanden ist sie uns damit oft auch gehörig auf die Nerven gegangen. Nicht wegen ihres Glaubens, aber sie hatte einen nimmermüden Bekehrungseifer. Überflüssig zu erwähnen, dass ich ihr bevorzugtes Ziel war. Doch ich suchte Abstand und machte meine eigenen religiösen Erfahrungen. Bei uns in Nordafrika herrschte damals eine Sekte vor, die sich *Manichäer* nannte. Hier gab es nicht nur den einen guten Schöpfer-Gott, sondern gleichrangig auch ein Prinzip des Bösen und Widergöttlichen. Beide lagen nach dieser Vorstellung in beständigem Wettstreit und die Menschen mussten zeitlebens versuchen, aus dem Machtbereich des Bösen, der Finsternis, in den Bereich des Guten, des Lichtes, hinüberzukommen. In meinen jungen Erwachsenenjahren hing ich selbst dieser Idee an. Sehr zum Leidwesen meiner Mutter, die mich lieber heute als morgen im Bad der Taufe gesehen hätte.

Eine große Veränderung, zunächst räumlich natürlich, trat ein, als ich Afrika in Richtung Rom verließ. Wir alle rund um das *mare nostrum* waren ja Teil des einen Römischen Reiches. Für euch in eurer Europäischen Union wäre das wie ein Wechsel von Lissabon nach Paris oder von Dublin nach Berlin. Freilich war Rom das herausragende Zentrum dieses Imperiums, nicht zu vergleichen mit eurer föderalen Zentrale in Brüssel. In Rom konnte ich meine Ausbildung als Rhetoriker fortsetzen und selbst die Lehrerlaubnis in diesem Fach erlangen. Rhetorik war immer gefragt: bei Nachwuchspolitikern, Rechtsanwälten (wobei das meistens auf das Gleiche hinauslief), den Söhnen höhergestellter Persönlichkeiten insgesamt. Es war ein Beruf, der mir Ansehen und berufliche Sicherheit bescherte, insgesamt glänzende Aussichten also. Meine Mutter war sehr stolz auf mich. Doch sie begann sich zugleich immer mehr in mein Privatleben einzumischen. Ich lebte in einer Beziehung mit einer Frau, einer Art eingetragenen Partnerschaft. Daran war weiter nichts Anstößiges. Für meine Mutter schon! Wo sie konnte, versuchte sie das zu hintertreiben und scheute auch nicht vor einer direkten Konfrontation zurück. Auch als ein Sohn zur Welt kam und sie damit Großmutter wurde, konnte das ihre Einstellung nicht besänftigen. Stattdessen suchte sie ungefragt eine standesgemäße Verlobte für mich aus, die jedoch zum Glück noch nicht das heiratsfähige Alter erreicht hatte.

Ach, meine Mutter! Wisst ihr, dass auch sie ebenfalls heiliggesprochen wurde? Die ›heilige Monika‹! Ich muss euch gestehen, damals hätte ich sie öfter auf den Mond schießen können. Es war schon sehr dreist und ungebührlich, wie sie sich verhalten hat. Aber meine Bekehrung, meine Taufe gingen ihr über alles; da kannte sie kein Pardon.

Es ist überflüssig zu sagen, dass in jener Zeit all ihr Tun mich eher vom Christentum entfernte, als dass es mich ihm angenähert hätte. Doch dann nahm ich innerhalb Italiens eine Ortsveränderung vor und ging von Rom nach Mailand. Dies hatte berufliche Gründe. Dort in Mailand aber gab es einen bedeutenden Mann, der lange Zeit wie ich ungetauft gewesen war, den jedoch die Christen von Mailand zu ihrem Bischof erkoren hatten. Es war der später heiliggesprochene Ambrosius. Nein, ihr müsst gar nicht erst nachfragen, ihr habt schon recht: Das ist einer der vier Kirchenväter der lateinischen Christenheit, neben Gregor dem Großen, Hieronymus und mir. Ambrosius war ein großartiger Prediger. Die Wirkung, die seine Ansprachen auf mich, den Rhetoriklehrer, ausübten, war enorm. Wenn man es banal ausdrücken will, so könnte man vielleicht sagen, dass ich inzwischen langsam weichgekocht war.

Hinzu kam dann noch ein besonderes Ereignis, das ich immer wieder gerne erzähle: Als ich mich bei Freunden im Garten aufhielt, hörte ich hinter eine Hecke aus dem Grundstück nebenan Kinderstimmen. Irgendein Spiel schien da im Gange zu sein. Wiederkehrende Rufe forderten zu irgendetwas auf. Ich lauschte – und vernahm in der lateinischen Umgangssprache: ›tolle, lege; tolle, lege.‹ In eurer Sprache: ›Nimm und lies, nimm und lies!‹ Das ergab natürlich für ein Kinderspiel überhaupt keinen Sinn, dennoch traf es mich ins Herz. Ich ging ins Haus hinein. Die Freunde waren Christen. Wie die heilige Edith Stein griff ich zu einem Buch. In meinem Fall war es die Bibel selbst, das Neue Testament, die Briefe des Apostels Paulus. Ich nahm, las – und glaubte. Der Schleier vor meinen Augen war gelüftet. In aller Klarheit schaute ich nun die Wahrheit des Evangeliums und wusste: Einer radikalen Umkehr, einem völlig neuen Lebenswandel würde ich nicht aus dem Weg gehen können. Dabei war es derselbe Text, die gleiche Bibel, von der ich mich Jahre zuvor voll Widerwillen und Spott abgewandt hatte: zu schlecht der griechische Stil, zu abgeschmackt der seltsame Inhalt. Es war nicht so, dass ich die Bibel nicht gekannt hätte, aber ich hatte sie verachtet. Und mit ihr die Christen. Nun sah ich all das mit ganz neuen Augen.

Ihr könnt euch denken, dass meine Mutter vor Freude und vielleicht auch Genugtuung in die Luft gesprungen ist. Seitdem wich sie auch nicht mehr von meiner Seite. Sie vergraulte meine Lebensgefährtin endgültig und schickte sie zurück nach Afrika. Ich ließ es geschehen. Es war, als wandelte ich in einer neuen, bis dahin unbekannten Wirklichkeit. Nach einer Zeit mit Ambrosius und einigen anderen jungen christlichen Intellektuellen in der Abgeschiedenheit der Alpen empfing ich die Taufe. Und damit fing ich ein komplett neues Leben an. Das alte streifte ich von mir ab, wie eine abgetragene Haut. Ich wurde beinahe zu so etwas wie einem religiösen Extremisten, einem *Hardliner*. Hatte ich bis dahin zum Beispiel die Freuden der körperlichen Liebe genossen, wurde ich jetzt zu einem Feind aller körperlicher Lust. Sexualität erschien mir nun als Folge des Sündenfalls am Anfang der Menschheitsgeschichte, als bloß notwendiges Übel, um eben den Fortbestand der Menschheit zu sichern. Gut möglich, dass ich damit über das Ziel hinausgeschossen bin. Allerdings räume ich ein, dass ich diese Ansichten bis auf mein Sterbebett beibehalten habe. Die Kirche trägt seitdem schwer daran …

Nun, ich will zum Ende kommen. Nach ein paar Jahren in Italien kehrte ich nach Nordafrika zurück, um dort bald den Bischofssitz von Hippo einzunehmen. Ich versammelte auch einige Priester um mich, um mit Ihnen gemeinsam ein geistliches und klösterliches Leben zu führen. Ihr seht also, dass es auch im Westen des Römischen Reiches bereits vor Benedikt von Nursia ein monastisches Leben gab. Meine Augustinische Regel wurde dann von Chorherren, das heißt von Domkapitularen an den Kathedralkirchen, und von den Augustiner-Eremiten wieder aufgegriffen. Beides geschah allerdings erst im Mittelalter. Ich war rund 35 Jahre Bischof von Hippo. In all diesen Jahrzehnten habe ich viel geschrieben und bin keiner theologischen Auseinandersetzung aus dem Weg gegangen. Ich erreichte ein so hohes Alter, dass ich als Greis noch Zeuge des Einfalls der Vandalen wurde. So stand ich mit einem Bein noch in der Antike, in ihrer großen Kultur- und Bildungstradition, mit dem anderen aber schon hart an der Abbruchkante, hinter der etwas Neues, Fremdes und Bedrohliches seinen Anfang nahm. Das Zentrum unserer Welt verschob sich vom Mittelmeer nach Norden. Dorthin, woher all die Völker kamen, die sich da auf Wanderschaft begeben hatten. War bis dahin Hippo eine christliche Stadt inmitten eines christlichen Kosmos, so würde bald eher Mailand den geografischen Mittelpunkt beschreiben. Und Nordafrika würde nur gut 200 Jahre später von den Muslimen erobert werden. Damit war die jahrhundertealte Einheit des Mittelmeerraums aufgesprengt: für die nächsten 1.500 Jahre und wer weiß wie viele Jahre mehr.

Ach, eine Leseempfehlung will ich euch noch geben. Es ist kein dicker Wälzer und auch keine theologisch schwere Kost. Es sind meine ›Bekenntnisse‹, die *confessiones*, die Geschichte meiner Bekehrung. Vieles davon habe ich euch eben schon in aller Kürze aufgerissen. Die Nachwelt hat diese Schrift gerühmt als den Beginn der autobiografischen Literatur. Nun, uns Heiligen ist irdische Eitelkeit fremd. Oder besser gesagt: Wir sind inzwischen darüber hinaus. Dennoch freut mich das Urteil der modernen Literaturwissenschaft: Unbedingt lesenswert! Ich kann es euch nur ans Herz legen, denn es kommt von Herzen. Von einem Herzen, das unruhig war, ein Leben lang, bis es Ruhe fand in Gott.«

Kapitel 24: Martin von Tours

Und zu Gott, jedenfalls in die Laterna Mystica, ist Augustinus zurückgekehrt. An seiner Stelle taucht eine neue Gestalt auf. Bevor diese ihren Namen nennt, führt sie in die geschichtlichen Umstände ihrer eigenen Zeit ein: »Auch ich bin ein Mensch der Epochenschwelle, zwischen ausgehender Antike und heraufziehendem Mittelalter. Mein Leben spielte sich auf dem ganzen europäischen Kontinent ab und beschreibt einen weiten Spannungsbogen. Geboren wurde ich in Pannonien, im heutigen Ungarn. Durch meine Berufswahl als römischer Legionär gelangte ich nach Gallien. Nach einem einschneidenden Ereignis (der Heilige kichert ein wenig) zog ich für eine Reihe von Jahren erneut nach Italien, wo ich bereits meine Kindheit verbracht hatte, um schließlich in Gallien ein Kloster zu gründen und gegen meinen Willen in eine hohe Position befördert zu werden.« »Wer bin ich?« freut sich Niklas. »Das ist ein richtiges Quiz. Komm, Jana, du darfst auflösen!« Doch Jana hat keinen Schimmer; das ist ihrer Miene zu entnehmen. Niklas hilft ihr auf die Sprünge: »Das mit dem einschneidenden Erlebnis hat er wörtlich gemeint. Er hat also etwas durchgeschnitten. Und die hohe Position war ein Bischofsamt. Wenn ich nicht irre, das von Tours im heutigen Frankreich.«

Der Heilige nickt bestätigend, doch Jana blickt noch immer nicht durch. Niklas versucht es erneut: »Du musst dir noch ein Pferd dazu vorstellen und vielleicht noch einen halben Mantel.« Jetzt ist der Groschen gefallen und Jana schlägt sich die flache Hand vor die Stirn: »Oh, da habe ich wirklich auf dem Schlauch gestanden. Der heilige Martin!« Niklas neckt sie: »... oder wie manche gerne sagen: der heilige Sankt Martin. Was ungefähr so sinnig ist wie ein weißer Schimmel beziehungsweise eine grüne Erbse.« Dieser Pleonasmus scheint den heiligen Sankt Martin jedoch nicht zu bekümmern. Stattdessen sagt er: »Das eigentlich Seltsame ist, dass mir für diesen entscheidenden Moment meines Lebens von irgendjemand ein Pferd angedichtet wurde, auf dem ich in diesem Augenblick gar nicht gesessen habe. Vor dem Stadttor vor Amiens in Nordfrankreich, an diesem schneereichen Wintertag, war ich, der römische Gardist, ganz auf Augenhöhe mit dem Bettler. Ich teilte mit ihm den Mantel, doch ich musste ihm seine Hälfte durchaus nicht vom hohen Ross herabreichen. Und nach vollbrachter Tat ritt ich nicht etwa von dannen, sondern bewegte mich auf Schusters Rappen, also zu Fuß, von der Stelle. Doch gut, dieses Bild von Martin hoch zu Pferd, das bekomme ich nicht mehr aus den Köpfen der Christen, geschweige denn aus den Herzen der Kinder.«

Niklas hat eine Bitte: »Darf ich versuchen, Ihre Lebensstationen näher einzuordnen?« Ein Nicken Martins deutet sein Einverständnis an, woraufhin Niklas fortfährt: »Ihr Vater war ebenfalls schon römischer Soldat, sogar ein Militärtribun und damit Offizier. Deshalb war es nicht nur nichts Ungewöhnliches, sondern sogar eine Verpflichtung, dass Sie im Alter von etwa 15 Jahren dem Militär beitraten. In jener Zeit galt es als unvereinbar mit dem christlichen Selbstverständnis, den Soldatenberuf auszuüben. Aber Sie waren ja auch noch gar kein Christ, sondern nur *Katechumene*, also Taufbewerber. Die Mantelteilung veränderte dann Ihr Leben. Im Traum erkannten Sie im Bettler, dem Sie hilfreich beigestanden haben, Christus, den Herrn, selbst. Zwar dienten Sie noch einige Zeit weiter im Militär. Doch langfristig mussten Sie von der Fahne gehen; und mit Ihrer Taufe wurde aus dem Rückzug vom Militär eine religiöse Pflicht. Im Zuge Ihres Abschieds von der Truppe wurden Sie in Worms kurzzeitig inhaftiert, Worms am Rhein auf halbem Wege zwischen Mainz und Speyer. Vor Ihnen lag nun eine lange Reise ins Ungewisse. Was Sie jetzt beginnen sollten, wussten Sie zu diesem Zeitpunkt selbst nicht. Aber, Martinus, heiliger Gottesmann, möchten Sie nicht selbst erzählen, wie es von da an weiterging?«

Martin scheint in Gedanken die Etappen mitverfolgt zu haben, die Niklas nachgezeichnet hat. Er setzt nahtlos an: »Zunächst zog ich über die Alpen nach Italien, in die Heimat meiner Kinderjahre. Ich führte dort ein unstetes Leben ohne feste Bleibe. Erst nach einer ganzen Weile ließ ich mich als Einsiedler auf einer kleinen Insel nieder, die der toskanischen Küste vorgelagert ist. In der Einsamkeit versuchte ich Gott zu dienen und ihm eine Antwort auf den Ruf zu geben, den er mir gesandt hatte. So verstrichen mehrere Jahre. Irgendwann jedoch spürte ich deutlich, dass Christus mich zu einer anderen Aufgabe rief: einem Leben in Gemeinschaft mit anderen Gottessuchern. Dieses Projekt setzte ich dann wiederum in Gallien um, wo ich in der Nähe von Tours mein *monasterium maius*, mein ›großes Kloster‹, gründete. Streng genommen war es kein Kloster im heutigen Sinne des Wortes. Wir hatten auch keine ausgefeilte Regel. Es war eher das Zusammenleben mehrerer Eremiten in einer Art religiöser Kommune, weitgehend unter freiem Himmel. Unser anfängliches Nachtquartier waren ein paar Höhlen, in denen sonst das Vieh bei schlechtem Wetter Schutz suchte. Gebet und Betrachtung standen im Vordergrund dieser Lebensform. Doch natürlich kamen immer auch Menschen aus der Umgebung, insbesondere aus den bereits christlich gewordenen galloromanischen Städten. Die Landbevölkerung setzte sich dagegen noch nahezu vollständig aus Heiden zusammen. Die Städter jedoch suchten regelmäßig unseren spirituellen Rat und oft auch praktische Lebenshilfe. Ich blieb dort also kein Unbekannter.

Irgendwann starb der Bischof von Tours und die Christen dieser Stadt proklamierten mich zum Bischof. Das heißt: Sie fragten nicht nach meiner Bereitschaft oder meinem Einverständnis. Sie hatten sich das einfach in den Kopf gesetzt und trachteten nun danach, ihre Absicht in die Tat umzusetzen. Mein Zurückweichen und meine anfängliche Verweigerung führten dann später zu der liebevollen Legende, ich hätte mich im Gänsestall vor dieser Zudringlichkeit versteckt und die Gänse hätten durch ihr Geschnatter dann meinen Aufenthaltsort verraten. Zur fortwährenden Strafe der armen Tiere würde seitdem an meinem kirchlichen Gedenktag, dem 11. November, in jedem Haushalt eine Martinsgans verspeist. Abgesehen davon, dass manche Menschen ohnehin eine fleischlose Ernährung bevorzugen: Solch einen Wohlstand hat die Christenheit in den anderthalbtausend Jahren seitdem selten besessen! Wie dem auch sei, ich konnte der Bischofswürde nicht entrinnen und beschloss mein Leben, das als römischer Soldat aus der ungarischen Tiefebene begonnen hatte auf der *cathedra*, dem kirchlichen Lehrstuhl, einer französischen Stadt, nachdem ich zwischenzeitlich die Apennin-Halbinsel als Wandermönch durchstreift hatte.«

Niklas meldet sich erneut zu Wort: »Zwei Dinge habe ich mir behalten, die Ihren Ruhm als Heiligen und damit Ihr Nachleben betreffen. Zum einen sind Sie der erste Mensch gewesen, dem Heiligkeit zuerkannt wurde, ohne dass er zuvor das Martyrium, also das Blutzeugnis, für Christus, erlitten hatte. Und zum anderen haben die Karolinger, die Hausmeier der damals noch regierenden fränkischen Merowinger, Sie zum Schutzpatron ihres Geschlechts erhoben, weshalb Sie dann mit Pippin, dem Jüngeren, spätestens aber seit Kaiser Karl dem Großen auch zum Schutzpatron des gesamten Frankenreiches aufstiegen. Mal abgesehen vom ewigen Himmelreich: Das ist doch wirklich eine Karriere für einen kleinen pannonischen Legionär, oder?!«

Martin nimmt diese Einstufung für eine Verabschiedung – und tritt, ganz ohne Pferd, zurück ins Licht, das ihn als die große Laterne, das es ist, in sich aufnimmt. Jana hat aufgrund der Gesprächsinitiative von Niklas die Gelegenheit gehabt, sich folgende Frage zu stellen, die sie jetzt auch ausspricht: »Wäre es nicht langsam mal wieder Zeit für eine Frau?«

Kapitel 25: Kaiserin Helena

Die Hoffnung trügt Jana nicht. Denn vor ihr und Niklas steht nun in der Tat eine Frauengestalt. Aber nicht eine beliebige. Sie ist in kostbare Stoffe gehüllt und trägt ein Diadem in der kunstvoll hochgesteckten Frisur. Wer immer das ist, sie muss von königlichem Geblüt sein.

Die Erscheinung äußert sich: »Kinder, lasst euch nicht irreführen. Zwar war ich Kaiserin im römischen Reich. Doch von königlichem Geblüt bin ich keineswegs gewesen. Am Beginn meiner irdischen Laufbahn stand ich am Ausschank einer Gastwirtschaft. Ich habe mich dann allerdings für den richtigen Mann entschieden, denn dieser fand sich bald nach unserer Trennung auf einem der vier Mitkaiserthrone des Imperiums wieder. Unser gemeinsamer Sohn, später Konstantin der Große, der Gründer von Konstantinopel am Bosporus, errang ebenfalls die Kaiserwürde und warf alle anderen Mitkaiser und Aspiranten nieder. Insofern war ich sowohl Konkubine eines künftigen Kaisers als auch und vor allem Kaisermutter. Meinen eigenen Rang als Kaiserin jedoch belegen Goldmünzen, die mit meinem Profil darauf geprägt wurden. Aus sehr bescheidenen Anfängen habe ich es in ungeahnte Höhen geschafft.«

Jana wirkt trotz der Pracht etwas enttäuscht. Eine Frau, die nur aufgrund der Männer in ihrer Umgebung zu Ruhm und Einfluss gelangt ist, imponiert ihr im Grundsatz nicht besonders. Doch sie besinnt sich auf die Zeitumstände jener Epoche und beginnt eine höfliche Konversation: »Sie haben uns noch nicht Ihren Namen genannt.« Und sie schiebt rasch hinterher: »Eure Hoheit«. Die Erscheinung lacht freundlich auf: »Diese Hoheit hatte ich auf Erden. Und ich habe stets auf sie gepocht. Doch als Bewohnerin der himmlischen Welt und zumal als Heilige schmücke ich mich mit keiner anderen Glorie als der Verherrlichung des einen, höchsten Gottes.« Sie unterbricht sich kurz: »Ich heiße übrigens Helena. An vielen Orten war ich zuhause: in Mailand und Trier unter anderem. Berühmt aber wurde ich für meine Reisen in den Osten des Reiches, an die Stätten, wo unser Herr Jesus Christus in menschlicher Gestalt einherging. Hier trat ich nicht bloß als fromme Pilgerin in Erscheinung. Vielmehr stieß ich große Bauvorhaben an und stiftete eine Vielzahl von Kirchen. Doch nicht nur im Osten, vielmehr überall im Reich. Dank meines Sohnes Konstantin und seines Toleranzedikts von Mailand konnten nun ohne Gefahr für Leib und Leben christliche Gotteshäuser errichtet werden. Von dieser neuen Freiheit machte ich rege Gebrauch.«

Es ist an Niklas die Frage zu stellen, die vollständig außerhalb von Janas Horizont liegt: »Eine Überlieferung besagt, Sie hätten in Jerusalem das wahre Kreuz Christi entdeckt und es dort feierlich aufrichten lassen. Seine Echtheit hätten Sie dadurch erprobt, dass Kranke durch die bloße Berührung mit dem Kreuzesholz spontane Heilung erfahren hätten.« Und beinahe im Stil eines Reporters hakt er nach: »Können Sie das bestätigen?« Die heilige Helena hüllt sich in Schweigen, in das hoheitliche Schweigen einer Kaiserin. Sie sagt weder Ja noch Nein. Was sie aber sagt, ist Folgendes: »Seit dem Tod unseres Herrn Jesus Christus waren etwa 300 Jahre vergangen, als ich nach Palästina kam. Fassbare Spuren hatte er kaum hinterlassen. Dennoch war es mir wichtig, an die Orte anzuknüpfen, an denen er gewirkt hatte: vornehmlich an die Orte seiner Kreuzigung, seiner Grablegung und seiner Himmelfahrt. Die Menschen meines Jahrhunderts und künftiger Jahrhunderte sollten über die Steinplatten gehen, über die Christus gewandelt war und sein Kreuz getragen hatte. Sie sollten das Holz berühren können, an dem er sein göttliches Leben für die Menschheit dahingegeben hatte. Sie sollten an just jenem Punkt in den Himmel emporschauen können, an dem er selbst in die Höhe aufgestiegen war. Der Glaube kommt nicht nur vom Hören, sondern auch vom Sehen. Ich habe dafür gesorgt, dass dutzende Generationen von Pilgern nach mir etwas zu sehen bekamen.«

Der eigentlichen Frage ist die heilige Helena freilich ausgewichen. Doch als Kaiserin war sie gewissermaßen auch eine Politikerin gewesen. Und insofern konnte diese Antwort, die alles offenließ, an sich nicht überraschen. Statt eines neuen, ohnehin zum Scheitern verurteilten Anlaufs versucht Jana nun, das Gespräch zu seinem natürlichen Schlusspunkt hin abzukürzen: »Wenn heute eine Pilgerin zu Ihrem Grab kommen wollte, wohin genau müsste sie sich wenden? Nach Osten, nach Westen, nach Norden?« Die gewesene Kaiserin mag sich erneut nicht festlegen; dieses Mal aber ist es kein Ausweichmanöver. Sie antwortet: »Meine Reliquien sind zerstreut, ein Teil in Konstantinopel, ein Teil in Rom, ein Teil in Trier. Insofern stimmen alle drei von dir erfragten Himmelsrichtungen.« Einen kurzen Augenblick noch scheint sie über den Verbleib ihrer irischen Hülle nachzusinnen. Dann jedoch sagt sie fröhlich: »Auch wenn ihr beiden hier ja nur ein optisches Phänomen in dieser mystischen Laterne seht – ich bin froh und dankbar für meinen Auferstehungsleib. Glänzte ich zu Lebzeiten bloß auf goldenen Münzen, so strahle ich heute in der Schar der Heiligen und preise Gott mit seinen himmlischen Heerscharen. Was kann eine kleine Herbergswirtin von ihrer Existenz mehr verlangen?« Und mit einem Augenzwinkern verflüchtigt sie sich. Es ist der Abgang einer wahrhaft großen Dame, nicht nur von (dieser) Welt …

Kapitel 26: Antonius der Wüstenvater

Der Kontrast hätte nicht größer ausfallen können. Nach der Kaiserin in all ihrem Geschmeide steht nun eine sehr schmucklose Figur vor Niklas und Jana. Und »schmucklos« ist noch eine freundliche Umschreibung. Denn der Mann, den die Laterna Mystica preisgegeben hat, trägt nicht viel mehr als ein paar Fetzen auf dem Leib und ein Diadem wäre in den wilden Strähnen seiner Mähne auch kaum zu befestigen. Ein Eremit, ein Einsiedler, ist er offenbar. Oder aber ein Landstreicher, der seit Wochen kein Badezimmer mehr von Innen gesehen hat.

Als könnte er diese Gedanken in den Köpfen der beiden Jugendlichen lesen, sagt er sehr würdevoll: »Ich bin Antonius, der Wüstenvater.« Niklas leistet schon Abbitte für seinen despektierlichen Gedanken und fragt betont ehrerbietig: »In welcher Wüste haben Sie denn gelebt?« Antonius schüttelt den Kopf: »Ja, wisst ihr denn gar nichts? Ich dachte, die Jugend von übermorgen wäre etwas besser informiert. Nun, es handelte sich um die Wüste Ägyptens. Freilich gebe ich zu, dass das keine besonders genaue Ortsbezeichnung ist, denn in Ägypten ist ja alles rechts und links des Nils im Grunde eine einzige Wüste.« Auch Jana merkt, dass man Antonius mit Samthandschuhen anfassen muss. Im Hinterkopf erwägt sie, dass ein Waschlappen jedoch eine noch dringlichere Zugriffsmöglichkeit wäre. Stattdessen sagt sie aber: »Wir hatten gerade eine Audienz bei der heiligen Helena, der Mutter von Kaiser Konstantin. Gehe ich recht in der Annahme, dass Ihre Lebenszeit davor lag?« Antonius lacht auf: »Das kommt ganz darauf an, wie Ihr rechnet. Faktisch haben sich unsere Lebensspannen weitgehend überschnitten, denn wir kamen im Abstand von nur drei Jahren zur Welt, wobei Helena tatsächlich die Ältere von uns beiden war. Doch ich erreichte ein Lebensalter von 105 Jahren, weshalb ich sie um satte 37 Jahre überlebte.«

Niklas ist froh, dass das Gespräch doch soweit gut in Gang gekommen ist. Er erkundigt sich weiter: »Diese ganzen 105 Jahre haben Sie aber nicht vollständig in der Wüste verbracht?« Die Strähnen von Haaren und Bart fliegen bei Antonius Kopfschütteln hin und her: »Nein, meine ganze Jugendzeit lebte ich unter anderen Menschen. Ich stammte aus einem vergleichsweise wohlhabenden Elternhaus. Und ich war der einzige Sohn meiner Eltern, die leider beide früh verstarben. Wir waren Christen und nach ihrem Tod ging ich natürlich weiter in die Kirche. Dort hörte ich – ich war noch immer ein ganz junger Mann – eines Tages das Evangelium vom reichen Jüngling.« Streng schaut er die Millenniums-Jugendlichen an: »Ihr wisst hoffentlich, von welcher Bibelstelle ich spreche?« Jana schaut hilfesuchend zu Niklas hinüber. Der meistert die Situation souverän: »Ein junger Mann kam zu Jesus und fragte ihn, wie er das ewige Leben erlangen könne. Jesus zählte darauf einige der grundlegenden Gebote auf. Der junge Mann erklärte, dass er alle diese Gebote von Jugend auf befolgt habe. Jesus freute sich darüber und empfand Sympathie mit dem Fragesteller und sagte zu ihm: ›Eines fehlt dir noch. Wenn du vollkommen sein willst, dann geh, verkauf deinen ganzen Besitz und gib den Erlös den Armen. Dann folge mir nach.‹ Diese Bibelstelle endet dann damit, dass der junge Mann traurig weggeht, weil er ein großes Vermögen besitzt und nicht dazu bereit ist, sich davon zu trennen.« Antonius zeigt nun ebenfalls Wohlwollen, ganz so wie Jesus im Evangelium: »Auch du hast sehr gut geantwortet und dich als hinreichend bibelfest erwiesen. Mein Kompliment! Das hätte ich der Jugend von übermorgen gar nicht zugetraut …«

Jana möchte ihr Unwissen mit einer interessierten Frage wettmachen: »Was bedeutete das aber für Sie, als junger Erbe, als Sie diese biblische Erzählung hörten?« Antonius wirft die Hände nach oben und vollzieht mit ihnen eine wegwerfende Bewegung: »Ich habe genau das getan, was der reiche Jüngling im Neuen Testament verweigert hat. Ich kam aus der Kirche nach Hause und am Tag darauf verschenkte ich alles, was ich besaß, schnürte mein Bündel und zog in die Wüste, um dort ein Leben mit Jesus zu beginnen. Ich konnte ihm nicht mehr im Wortsinn nachfolgen; so suchte ich seine Nähe in Einsamkeit und Abgeschiedenheit.« Niklas meldet sich wieder zu Wort: »Aber was haben denn Ihre Verwandten, Freunde und Nachbarn zu Ihrem Entschluss gesagt?« Der Heilige schnaubt verächtlich durch die Nase: »Na, was denkst du denn? Sie haben mich für verrückt erklärt! Und jene, die nicht meinten, dass ich den Verstand verloren hätte, die haben mich ausgelacht angesichts von so viel religiöser Schwärmerei. Nun, ganz so abwegig kann mein Weg in die Wüste nicht gewesen sein.«

Jetzt ist es wieder an Jana nachzufragen: »Wie meinen Sie das?« Antonius entspannt seine Glieder und tritt von einem Fuß auf den anderen. Er gibt Jana zur Antwort: »Gar nicht wenige haben es mir nachgetan. Ich hatte, ohne es zu wissen und zu wollen, eine ganze Bewegung ausgelöst. Es kam geradezu in Mode, in die Wüste zu gehen. Freilich brauchte das seine Zeit, aber dann musste ich um meine persönliche Einsamkeit und Abgeschiedenheit kämpfen. Die einen kamen zu mir, um sich mir anzuschließen und eine gemeinschaftliche Lebensform auszuprobieren. Das wollte ich nicht. Und die anderen kamen aus den Dörfern und aus den Städten, um geistlichen Rat von mir einzuholen und sich eine spirituelle Orientierung geben zu lassen. Es gab Tage, da standen sie geradezu Schlange. Immer wieder musste ich mein Tagewerk und meine Betrachtungen unterbrechen. Aber ich konnte mich diesen Anfragen ja nicht grundsätzlich verweigern. Um der Barmherzigkeit Jesu willen.«

»Wenn Sie von Ihrem Tagewerk sprechen, was soll man sich darunter vorstellen?« möchte Niklas wissen. Antonius lächelt, eigentlich ist es ein etwas schiefes Grinsen: »Das werdet ihr Zukunftskinder nie und nimmer verstehen. Ich knüpfte täglich eine Matte aus den Binsen der Papyruspflanze. Das dauerte viele, viele Stunden, selbst wenn man junge Glieder hat und fingerfertig ist. Bei Einbruch der Dunkelheit löste ich die Matte dann jedes Mal wieder auf und legte die Binsen ordentlich beiseite – für den nächsten Tag.« Niklas und Jana mögen Kinder von übermorgen sein; vor allem sind sie Deutsche. Deshalb reagieren sie entsprechend entgeistert und Jana fragt ungläubig noch einmal nach: »Sie haben etwas in stundenlanger Arbeit hergestellt. Und dann, wenn es fertig war, haben Sie es wieder aufgelöst? Und das Tag für Tag?« Der heilige Antonius bleibt ganz ungerührt. Er sagt: »Irgendwie musste ich doch die Dämonen verscheuchen und die vielfältigen Versuchungen abwehren, die mich fortwährend umschwirrten. Ich konnte doch die Hände nicht untätig lassen, damit sie in der Hitze des Tages zur Sünde oder Unzucht verführt werden. Gerade in eurem Alter müsstet ihr das doch unmittelbar verstehen!« Jana kümmert sich herzerfrischend wenig um Sünde und Unzucht; sie denkt pragmatisch und unter dem Gesichtspunkt der Effizienz: »Mönche späterer Zeiten haben Wälder gerodet, Land urbar gemacht, Fischteiche angelegt, Klosterschulen gegründet, wunderbare Buchmalereien angefertigt und vieles andere mehr. In einem Wort: Sie haben sich nützlich gemacht. Sie dagegen, mit allem gebührenden Respekt ...«

Jana stockt und bricht ab. Niklas gibt ihr innerlich Recht. Der heilige Wüstenvater Antonius hingegen grinst erneut. Er fühlt sich keineswegs in seiner Eremiten-Ehre gekränkt. Er breitet die Arme aus und umfasst eine unsichtbare ägyptische Wüstenei: »Kinder, hier war doch nichts, rein gar nichts. Keine Bäume, die man hätte fällen können. Keine Ackerkrume, die man hätte unter den Pflug nehmen können. Keine Fische, nirgendwo. Und meine, unsere Bildung fand ausschließlich im Herzen statt. Hätte ich, hätten wir studieren wollen, wir wären nach Alexandria an die Universität gegangen. Hätte es uns nach Büchern verlangt, ein paar hätten den gigantischen Bibliotheksbrand dort gewiss überlebt gehabt. Doch all das wollten wir nicht. Ich war der Pionier, viele andere haben es mir gleichgetan. Ich suchte das Nichts in der äußeren Welt, um das Alles in der inneren Welt meiner selbst zu finden. Das war das Projekt. Und in meine Zeit hat es gepasst!«

Jana und Niklas spüren beide eine große Fremdheit. Die der geografischen und zeitlichen Entfernung. Allein, da ist noch mehr, das sie nicht erfassen, geschweige denn in Worte fassen können. Doch dieser Verlegenheit sind sie ohnehin enthoben, denn mit erstaunlicher Flinkheit ist der heilige Antonius ins Licht der Laterna Mystica zurückgetreten – und nun erneut aller Versuchungen und dämonischer Einflüsterungen ledig.

Kapitel 27: Katharina von Alexandrien

Noch ehe Jana eine diesbezügliche Erwartung äußern kann, geht ihr mutmaßlicher Wunsch in Erfüllung. Denn aus dem Licht tritt eine Frauengestalt hervor. Sie hält etwas in der Hand, doch es erschließt sich den beiden Jugendlichen zunächst nicht, um was es sich dabei handelt. Mit einer kleinen Wendung wird der Gegenstand allerdings sichtbar. Jana flüstert Niklas zu: »Wenn ich es nicht besser wüsste, würde ich sagen, dass sie einen Unfall mit irgendeinem Holzkarren gehabt hat.« Der jedoch verzieht keine Miene und sagt in mittlerer Laustärke, so dass ihn die Heilige ebenfalls hören kann: »Das ist die heilige Katharina von Alexandrien. Wir bleiben also vorerst in Ägypten. Katharina mit dem Rade. Sie wird uns bestimmt gleich berichten, was es damit auf sich hat. Es ist nichts Angenehmes, soviel kann ich dir schon einmal verraten.«

Katharina scheint über das Zwiegespräch von Jana und Niklas nicht verstimmt zu sein. Ganz im Gegenteil: Sie wirkt sogar beseligt, hochgemut. Sie wendet sich an die beiden: »Wie schön zu hören, dass ihr mich kennt. Dass ihr wisst, wer ich bin. Das ist gar nicht so selbstverständlich. Nicht wenige eurer Zeitgenossen bestreiten, dass es mich jemals gegeben hat. Sie stellen meine Existenz rundheraus infrage. Könnt ihr begreifen, dass mir das nahe geht? Dabei war ich aus keinem weichen Holz geschnitzt. Ganz im Gegenteil. Mein Vorbild sollte und kann gerade Mädchen und junge Frauen anspornen und ermutigen. Wer mich aus der langen Liste der offiziellen Heiligen streichen möchte, dem muss auch dieser Verlust an *Empowerment* bewusst sein.« Und mit Nachdruck sagt sie: »Nein, das lasse ich nicht mit mir machen. Das lasse ich mir nicht gefallen.«

Jana ist hellhörig geworden: »Was war denn ihr Beitrag für die Frauenbewegung?« Katharina stutzt etwas über die Wortwahl, aber sie lässt sich nicht lange bitten: »Ich habe es gewagt, den Männern zu zeigen, dass auch eine Frau sich Bildung aneignen kann. Ja, mehr noch: Dass sie im wissenschaftlichen Wettstreit die Männer überflügelt und sie am Ende geschlagen zurückbleiben. Aber das können Männer nicht abhaben, damit kommen sie nicht zurecht.« Niklas versucht ein paar einordnende Worte: »Es fand damals in Alexandrien, der Hauptstadt des antiken Wissens neben Athen, ein philosophischer Wettkampf statt. Katharina trat dabei als Christin gegen ihre heidnischen Gegenspieler an. Von göttlichem Licht erleuchtet und mit profunden Kenntnissen in der Materie vermochte sie, alle Argumente der Heiden zu entkräften und der unhintergehbaren Wahrheit des christlichen Evangeliums zum Sieg zu verhelfen. So jedenfalls geht die Legende.«

Damit allerdings ist er ins Fettnäpfchen getreten. Katharina empört sich: »Jetzt fängst du auch noch so an. Legende!« Jana möchte keinen fruchtlosen Streit und versucht das Gespräch wieder in friedliche Bahnen zu lenken: »Was aber hat es nun mit dem Rad auf sich?« Das Gesicht der Heiligen, das eben noch erst im Triumph, dann in der Verärgerung geglänzt hatte, verfinstert sich. Sie streckt sich zu ihrer vollen Körperlänge und sagt: »Das war mein Hinrichtungsinstrument. Ich bin gerädert worden, aufs Rad gespannt, man hat damit alle Knochen meines Leibes gebrochen. Und weil mir das immer noch nicht den Rest gegeben hat, wurde ich schließlich mit dem Schwert durchbohrt. Andere Varianten der Legende freilich sagen: erschlagen.« Katharina gerät leicht ins Stottern. »Da hat sie doch glatt ein heiliges Eigentor geschossen«, denkt Jana ein wenig boshaft.

Niklas hilft der heiligen Katharina über die Verlegenheit hinweg. Er schlägt einen besonders respektvollen Ton an und sagt: »Aber mit ihrem Tod als Märtyrin hatte es nicht sein Bewenden. Sie wurden von Engeln auf den Berg Sinai gebracht und dort später von den Mönchen des Katharinenklosters aufgefunden. Diese bargen ihre Reliquien und bestatteten sie bei sich. So erst kam dieses Kloster im Nirgendwo der Sinai-Halbinsel zwischen Afrika und Asien, eine Stiftung der heiligen Kaiserin Helena, zu seinem Namen. Ihr Nachruhm war also ein doppelter: Siegerin im akademischen Wettstreit mit den heidnischen Philosophen und Namensgeberin und Schutzheilige eines der ältesten Klöster der Welt, das bis auf den heutigen Tag ohne Unterbrechung fortbesteht. Außerdem zählen Sie zu dem erlauchten Kreis der Vierzehn Nothelfer, eine wahrhaft erlesene Gesellschaft!«

Katharina hätte nicht eine Heerschar heidnischer Philosophen bezwungen, wenn sie jetzt nicht die Beschwichtigung und Schmeichelei durchschauen würde, die Niklas hier aus purer Höflichkeit veranstaltete. Hoheitsvoll klemmt sie sich ihr Rad unter die Achsel, wendet sich um und sagt im Weggehen: »Wenigstens weiß ich selbst, dass es mich gab. Das ist die Hauptsache. Wehe, irgendwer schafft meinen Gedenktag ab.« Und weg ist sie, samt ihrem Rad.

Kapitel 28: Ignatius von Antiochien

Vor Niklas und Jana steht nun ein alter Mann, ach was: ein Greis. Im ersten Moment denken beide, Antonius, der Wüstenvater, wäre noch einmal zurückgekommen – im Alter von etwa 104 und einem halben Jahr. Doch ein zweiter Blick überzeugt sie in der Gewissheit, dass sie da einen anderen vor sich haben. Aber auch Niklas hat keine Idee, wer das sein könnte. Bei sich trägt der alte Herr nur ein Bündel Papier, Briefe, wie es scheint.

»Ich bin Ignatius von Antiochien«, gibt eine gar nicht altersschwache Stimme zu wissen. Jana blickt zu ihrem Freund hinüber und erwartet sich von ihm weitere Aufklärung. Doch er gibt ihr mimisch zu verstehen, dass er ebenfalls keine Ahnung hat, wer das sein soll. Ignatius seufzt auf: »Ja, ich sollte mich mittlerweile damit abfinden. Außer einer Handvoll Spezialisten kennt mich niemand. Ich fürchte, ich bin aus demselben Grund aus dem Licht zu euch geschickt worden wie der heilige Gallus: nur als eine zeitliche Brücke und als Übergang.« Und direkt zu Niklas spricht er: »Immerhin erfährst du auf diesem Wege, dass es schon einen heiligen Ignatius gab, bevor der Herr Iñigo von Loyola nach seiner Berufung zur Heiligkeit auf dem Krankenlager meinen Namen annahm. Für 1.500 Jahre war ich der einzige heilige Ignatius! Das Gedächtnis der Kirchengeschichte hat mich nach diesem neuen Ignatius leider in die zweite Reihe geschoben. Hoffentlich kann diese Begegnung ein klein wenig daran ändern.«

Niklas ist an einer Formulierung des Heiligen hängengeblieben: Brücke und Übergang. Genau danach erkundigt er sich jetzt: »Heiliger Ignatius der Erste, worin bestand denn nun Ihre Brückenfunktion? Welche beiden Ufer verbinden Sie mit Ihrer Person?« Ignatius wirkt soweit zufriedengestellt. Voller Wohlwollen gibt er zur Antwort: »Zunächst einmal kannst du Bischof Ignatius zu mir sagen. Der andere war ja ein Ordensgeneral, was immer das genau sein soll. Dies mag zu unserer Unterscheidung reichen. Ich als Person und dank meines langen Lebens verbinde die Kirche der Zeit der Christenverfolgungen im zweiten Jahrhundert mit der apostolischen Kirche des ersten Jahrhunderts. Oder um es andersherum zu sagen: Als Kind erlebte ich noch die Ära der Apostel Christi und lernte einige von ihnen persönlich kennen. Dank meines hohen Alters ragte ich aber auch in eine Zeit hinein, in der der römische Staat verstärkt und systematisch Christen aufspürte und zu Tode brachte. Insofern bin ich wie eine Klammer, die die früheste Zeit der Kirche mit ihrer ersten großen Charakterprobe zusammenschließt.«

Jana ist die Tatsache der blutigen Christenverfolgungen gar nicht unbedingt präsent. Zu viel Blut ist in ihrem bisherigen, dem 20. Jahrhundert vergossen worden: um des Glaubens willen, um einer politischen Überzeugung willen oder aus rassistischem Wahn. Ganz unschuldig fragt sie: »Auch Sie wurden umgebracht, einfach nur, weil Sie ein Christ waren, Bischof Ignatius?« Der strafft sich, so gut es geht und antwortet: »Nun, ich war immerhin Bischof. Und nicht von irgendeiner kleinen Klitsche im hinteren Palästina. Mein Bistum war Antiochia, eine der drei Metropolen des Reiches neben Alexandria und Rom. Jenem Ort, an dem die Anhänger des Jesus von Nazareth zum ersten Mal *Christen* genannt worden waren. Ich befand mich also in einer sehr herausgehobenen Position. Nur, in meinem Fall verhielt es sich ein wenig anders. Mich wollte die Staatsmacht wegen meines vorgerückten Alters gar nicht mehr zur Verantwortung ziehen. Sie redeten mir freundlich zu, ich möge diesem Christentum abschwören und dann würden sie mich in Frieden lassen. Doch das kam für mich gar

nicht in Betracht. Ich wollte das Martyrium haben. Noch unbedingter und unbändiger als mein späterer Mitbruder im Bischofsamt, der heilige Winfried Bonifatius.«
Niklas will Näheres wissen: »Wurden Sie dann an Ort und Stelle getötet, in Antiochia?« Der Heilige wedelt mit dem Bündel Briefe in seiner Hand: »Nein, gerade dafür bin ja berühmt gewesen. Zumindest anderthalb Jahrtausende lang. Ich wurde nach Rom verbracht, in die Arena, um dort von wilden Tieren zerfleischt zu werden.« Niklas und Jana schauen verstohlen hin und können bei allem guten Willen nicht allzu viel Fleisch entdecken. »Es ist halt so eine Formulierung«, denken sie im Stillen. Und: »Es ist eine solche Grausamkeit, die man sich gar nicht vorstellen mag!« Schnell hakt Niklas nach: »Was hat es dann aber mit den Briefen auf sich?« Ignatius ist erfreut, dass dies nun endlich einmal zur Sprache kommt: »Auf dem Weg meiner Verschleppung nach Rom habe ich verschiedene Briefe an die christlichen Gemeinden Kleinasiens geschrieben. Auf diese Weise konnte ich noch einmal Zeugnis für meinen Glauben ablegen und meine geliebten Schwestern und Brüder teilhaben lassen an dem, was mir bevorstand. Mit meiner unerschrockenen Todesverachtung und dem unerschütterlichen Einstehen für die Wahrheit der christlichen Botschaft wollte ich die Gemeinden stärken: Im Glauben und im Geist des Widerstehens, damit auch sie nicht aus Angst um ihr irdisches Leben Christus abschworen und dem vergöttlichten Augustus, also dem jeweiligen Kaiser, das Weihrauchopfer darbrachten.«

Jana und Niklas spüren den Anflug einer Gänsehaut auf ihrem Körper. Dass Christ zu sein, bedeuten konnte, dafür sein Leben hinzugeben, praktisch und wortwörtlich – diese Einsicht war bislang noch nie so nah an sie herangekommen. Niklas rüttelt nicht an der epochalen Bedeutung seines Lieblingsheiligen, des heiligen Ignatius von Loyola; trotzdem empfindet er ein starkes Gefühl von

Ungerechtigkeit: »Angesichts dieses Todesmutes fällt es mir schwer zu verstehen, dass Sie so ...« Er stockt. »... dass Sie so ins Hintertreffen geraten sind im Vergleich zu dem besagten Ordensgeneral der Jesuiten.« Ignatius von Antiochien wirkt nun doch ein wenig geknickt: »Wisst ihr, in eurem Jahrhundert kamen einige Bibelwissenschaftlicher zu der Überzeugung, auch mich habe es niemals gegeben.« Er bewegt erneut die Blätter in seiner Hand: »Trotz meiner Briefe!« Er schaut die Jugendlichen an und wirkt jetzt aufrichtig empört: »Erst die heilige Katharina von Alexandrien, dann ich. Auch dieser Blutzeugin hat man eine neumodische Heilige aus Siena vor die Nase gesetzt, die ihr die gebührende Aufmerksamkeit streitig macht.«

Niklas getraut sich nicht, Ignatius die bittere Wahrheit zuzumuten, dass es im Falle der beiden Katharinas gar nicht ausgemacht ist, wer die größere Aufmerksamkeit in den Augen der Nachwelt genießt. Im nächsten Moment ist aber klar, dass diese Überlegung ohnehin keinen Adressaten mehr gefunden hätte. Denn auch der zweite Ignatius, der der erste war, ist inzwischen im Licht verschwunden.

Niklas und Jana sehen sich an: »Das heißt, dass nun die Zeit der Apostel beginnt«, sagt Niklas. »Wir stoßen jetzt vor zu den Menschen, die Jesus selbst gekannt und erlebt haben! Kannst du dir das vorstellen?« Jana gibt trocken zurück: »Jesus und seine Jünger. Ich kann mir vor allem vorstellen, dass jetzt erst recht mit keiner Frau mehr zu rechnen ist. Alles in allem war die Auswahl der Heiligen nicht sehr ausgewogen. Der Anfang war so weit noch okay, aber seit der heiligen Hildegard von Bingen wurde es doch arg dünn!«

Kapitel 29: Paulus

Vor Niklas und Jana steht ein kleiner Mann mit schwarzem Bart. Er ist mit einer schlichten Tunika bekleidet. Jetzt merkt er, dass die beiden Jugendlichen ihn ohne jedes Anzeichen des Erkennens anschauen. Er fragt: »Soll ich euch auf die Sprünge helfen? Ein kleiner Hinweis vielleicht? Wie Ignatius, also der Bischof von Antiochien, könnte ich meinerseits ebenfalls einen ganzen Stapel Briefe mit mir führen. So hätte ich meine andere Hand noch frei, um darin einen größeren Brieföffner zu halten – oder sagen wir: ein Schwert.«

Niklas war sich unschlüssig. Doch jetzt weiß er Bescheid. Zu Jana sagt er: »Darf ich vorstellen. Der Völkerapostel Paulus. Geboren als Saulus in Tarsus an der östlichen Mittelmeerküste der heutigen Türkei. Ein frommer Jude, ein Pharisäer, sehr gesetzestreu. Selbst Verfolger der ganz jungen christlichen Gemeinde. Geläutert zum Paulus. Der Rest ist Stoff für einen Roman. Ach, was sage ich: für mehrere Dutzend Bände.«

Jana behagt die abwartende Rolle nicht, die ihr wieder einmal zuzufallen scheint. Sie geht deshalb in die Initiative und spricht den Heiligen unmittelbar an: »Sehr geehrter Herr Paulus. Im Gegensatz zu meinem Freund hier bin ich nicht getauft. Ich bin in einer Stadt aufgewachsen, in der nicht einmal die Hälfte der Einwohner dem Christentum angehört oder auch nur an irgendeinen Gott glaubt. Wir hatten auch keinen Religionsunterricht bei uns in der Grundschule. Oder für den Fall, dass wir auf staatliche Anordnung nach der Wiedervereinigung einen gehabt haben sollten: Bei mir ist davon nichts hängengeblieben. Das war auch mehr Ethik als Religion. Auch die Lehrer und Lehrerinnen hatten zu jener Zeit von Weltanschauungsfragen die Schnauze voll, nach 40 Jahren zwangsweise verordnetem Marxismus-Leninismus. Aber, sehr geehrter Herr Paulus, ich bin – soweit man das von sich selbst behaupten kann – vorurteilsfrei und offen. Und darüber hinaus ehrlich interessiert. Ich bitte Sie: Erzählen Sie doch von diesem Wandel, diesem Umschwung in Ihrem Leben, der sie vom Christenhasser zum Verkünder der Botschaft von Jesus gemacht hat!«

Paulus hat zwischenzeitlich seine dichten Augenbrauen zusammengezogen. Ob er aus seiner Ewigkeit heraus die Stadt Berlin im Blick hat? Das Berlin der ersten Hälfte der 90er-Jahre des 20. Jahrhunderts? Doch zum Ende hin wird sein Blick freundlich und er geht bereitwillig auf Janas Bitte ein: »Zunächst muss ich dir sagen, dass ich zu keinem Zeitpunkt ein Christen*hasser* war; ich hielt sie bloß für eine gefährliche Sekte. Für eine jüdische Gruppierung, die das Fundament unserer Religion untergräbt: das Gesetz beziehungsweise die *Torah.* Mein Verfolgungsunternehmen sollte diese Gefahr im Keim ersticken, bevor das Judentum als Ganzes aus der Balance geriete. Dieses Gerede von einem gekreuzigten Messias, einem menschgewordenen Gottessohn: Für mich waren die Christen gerade keine harmlosen Spinner, über die man sich lustig machen konnte; sie hatten mit ihrer Botschaft von der Auferstehung Jesu die Axt an die Wurzel einer weit über 1.000 Jahre alten Religion gelegt. Kein gläubiger Jude durfte eine solche Ketzerei gleichgültig hinnehmen. Deshalb entschloss ich mich zum Handeln. Ich empfand es als meine Pflicht, als einen heiligen Auftrag im Namen Gottes.«

»Also sind Sie sozusagen von einem Extrem ins andere gefallen?«, spitzt Jana das bisher Gehörte zu. Paulus pflichtet ihr bei: »Ja, so wie ich vom Saulus zum Paulus wurde, so bin ich tatsächlich in meiner Auffassung komplett umgepolt worden. Jetzt wird es aber Zeit, dass du erfährst, was sich damals ereignet hat. Ich war mit einigen Gefährten auf dem Weg ins syrische Damaskus. Auch dort hatte sich schon eine Christen-Zelle eingenistet. Dieses Nest wollten wir ausräuchern. Ich hatte die Haftbefehle der Hohepriester von Jerusalem gegen die Christen in meiner Tasche und beeilte mich, sie zu vollziehen. Das jedenfalls war mein Plan. Dann jedoch traf mich aus dem Nichts ein grelles Licht. Es war mitten am Tage, im Orient! Es war also an sich schon mehr als hell genug. Dennoch warf mich dieses Licht vollkommen nieder. Diese Laterna Mystica ist ein Glühwürmchen dagegen, ein mattes Glimmen. Als ich zu Boden gestürzt war, vernahm ich eine Stimme, die mich beim Namen rief. Bei meinem bisherigen, alten Namen. Als ich zurückfragte, wer denn da redete, sprach diese Stimme: »Ich bin Jesus, den du verfolgst.« Ich war geblendet, zu Tode erschrocken und vor Angst erstarrt, unfähig mich zu rühren.«

»Und dann?« Jana ist gepackt und mitgerissen. Niklas sieht es mit Befriedigung. Er denkt sich: »So hätte ich mal reden sollen, als ich versucht habe, ihr meinen Glauben nahezubringen. Es musste also erst der Apostel Paulus in Person auftreten, damit sich da ein kleiner Spalt auftut.« Noch in diesen Gedanken hinein, spricht der Apostel weiter: »Ich blieb blind für mehrere Tage. Meine Gefährten nahmen mich bei der Hand. Wir zogen weiter in Richtung von Damaskus, von dem uns keine lange Strecke mehr trennte. Außerdem hatte es mir die himmlische Stimme ausdrücklich aufgetragen, meinen Weg dorthin fortzusetzen. Meine Begleiter wurden aus alldem natürlich nicht schlau. Zwar hatten auch sie dieses gleißende Licht gesehen. Doch sie hatten im Gegensatz zu mir ihre Sehkraft behalten. Vor allem aber hatten sie für ihren Teil die Stimme nicht gehört. Sie war ganz und ausschließlich an mich gerichtet gewesen. Dennoch blieben sie an meiner Seite und gar nicht viel später durchquerten wir das

Stadttor von Damaskus, ich gestützt auf meine Gefährten, wir alle mit staubigen Sandalen.«

Niklas wird an dieser Stelle des Berichtes hellhörig: »Ich dachte immer, Sie wären vom Pferd gefallen und dann, nach dem Sturz, auf dem Rücken dieses Reittieres in Damaskus angelangt.« Paulus verdreht ein wenig die Augen: »Gegen diese eigenwilligen Überlieferungen kommt man nicht an. Zweimal im Neuen Testament habe ich diese Erfahrung beschrieben. An keiner einzigen Stelle habe ich dabei ein Pferd erwähnt. Wenn schon, dann hätte ich wahrscheinlich eher ein Kamel dabeigehabt.« Er lächelt ein wenig spöttisch: »Wisst ihr, das ist wie beim heiligen Martin von Tours. Die Menschen scheinen irgendwie ein Faible für Pferde zu haben und und schieben sie einem einfach unter, wo ihnen der Sinn danach steht. Martinus war wenigstens Mitglied der kaiserlichen Garde. Er hatte also zumindest ein Pferd im Stall. Bei ihm kann man diese Annahme wenigstens noch plausibel machen. Aber ich? Nein, vor Damaskus gab es kein Pferd, von dem ich hätte stürzen können …«

Jana geht recht unwirsch dazwischen: »Das mit den Pferden ist doch völlig nebensächlich! Was geschah dann in Damaskus – und in den Jahren danach?« Paulus bleibt ihr die Antwort nicht schuldig: »Durch die dortigen Christen, die ich eigentlich hatte verhaften wollen, um sie gefesselt nach Jerusalem zu bringen, erhielt ich Hilfe und Unterstützung. Anfänglich glaubten sie nachvollziehbarerweise an eine Falle und trauten mir nicht über den Weg. Sie argwöhnten, meine Geschichte sei lediglich ein Trick, um ihrer habhaft zu werden und sie zu verschleppen. Doch Gott selbst trat bei ihnen für mich ein. Ich erlangte mein Augenlicht wieder und zog meiner Wege: nun als getaufter Christ. Natürlich musste ich diesen Schock erst einmal verarbeiten und ich zog mich deshalb für eine lange Zeitspanne in die arabische Wüste zurück. Antonius war also, wie ihr seht, nicht der erste, der sich für diese Art des Rückzugs entschieden hat! Als ich von dort aus wieder in die Welt trat, tat ich das mit aller Entschiedenheit. Mit derselben Entschlossenheit, mit der ich den Christen zuvor nach dem Leben getrachtet hatte, ging ich nun daran, die Botschaft von Jesus zu verkünden. Ich bereiste fast den gesamten Mittelmeerraum von Zypern bis Malta. Mehrere Male, hin und zurück, diverse Schiffbrüche inklusive.

Ich besuchte bestehende Gemeinden und ich gründete neue Gemeinden, in Kleinasien, also eurer Türkei, in Griechenland, bis hin nach Rom. Um mit den Christen an all diesen Orten in stetigem Kontakt zu bleiben, um sie zu loben und zu tadeln, ihren Glauben zu vertiefen und sie gegen Irrlehren gefeit zu machen, schrieb ich Briefe. Viele Briefe, zum Teil sehr lange Briefe. An die Gemeinden von Galatien und Philippi beispielsweise. Die berühmtesten Briefe, die meine Theologie entfalten, gingen aber nach Korinth in Griechenland. Das waren sogar gleich zwei. Und nach Rom. In Rom hat mein irdisches Leben dann auch sein Ende gefunden. Nach meiner Verhaftung in Palästina wegen des Vorwurfs der Erregung öffentlicher Unruhen im Streit mit den gesetzestreuen Juden hatte ich mich direkt an den Kaiser in Rom gewandt. Als römischer Bürger, der ich seit meiner Geburt war, stand mir dieses Vorrecht zu. Das änderte schließlich allerdings nichts an meinem Todesurteil. Es brachte mir nur die Vergünstigung, nicht durch das Kreuz hingerichtet zu werden, sondern durch Enthauptung.« Zu Niklas sagt er: »Das ist sicher auch der Grund, warum du vorhin bei der Erwähnung des Schwertes gleich wusstest, wer ich bin, nicht wahr?«

Niklas nickt bestätigend: »Ja, genauso war es.« Zu Jana sagt er: »Diese Briefe sind wirklich großartig. Und überaus vielseitig. Streng zu den Galatern. Freundschaftlich verbunden mit den Philippern. Und vor den Römern breitet er ein ganzes Panorama der christlichen Weltsicht aus. Ich denke, das ist auch Weltliteratur, ganz unabhängig vom religiösen Gehalt und wie man dazu steht.« Paulus hat ein Gespür für das Mädchen, die junge Frau mit den Wurzeln im atheistischen Ost-Berlin: »Übrigens: Einer eurer bekanntesten Philosophen in Deutschland ging angesichts von alledem sogar so weit zu behaupten, ich sei der ›Erfinder‹ des Christentums. Aus einem am Kreuz gescheiterten Wanderprediger aus Palästina hätte erst ich, Paulus, eine Weltreligion gemacht. Ohne mich wäre dieser Jesus verglüht wie eine Sternschnuppe. Die ganze lange Galerie an Heiligen, die an euch vorübergezogen ist, sie hätte es ohne mich dann gar nicht gegeben. Oder zutreffender: Diese Menschen hätte es vielleicht schon gegeben. Doch sie wären keine Christen gewesen; niemand von ihnen hätte für seinen Glauben an Christus sein Blut vergossen. Weil sie nämlich nie von ihm gehört gehabt hätten.« Niklas hat sich bisher auf die Zunge gebissen, jetzt geht er dazwischen: »Wer war denn dieser Philosoph?« Paulus hat derweil schon einen Schritt zurück in Richtung des matten Glimmens der Laterna Mystica gemacht. Im Abtreten gibt er noch die ausstehende Antwort: »Das war Friedrich Nietzsche. Aber ihr solltet euch jetzt besser auf den heiligen Petrus einstellen. Ich selbst muss nicht unbedingt mit ihm zusammentreffen. In unserem irdischen Leben hatten wir durchaus so unsere Differenzen …«

Paulus ist weg. Jana denkt: »Das war ein echt starker Auftritt! Schade, dass er sich nicht ein bisschen länger Zeit genommen hat.«

Kapitel 30: Petrus

Hätte die Laterna Mystica eine Türe gehabt, dann wäre man jetzt versucht zu sagen: Paulus und Petrus haben sich die Klinke in die Hand gegeben. Vor Jana und Niklas steht nun ein breit gebauter Mann. Sein Bart ist bereits ergraut. Er nimmt die beiden Jugendlichen freundlich in den Blick und sagt: »Meine Vorstellung ist eigentlich hinfällig, denn ich wurde euch ja gerade angekündigt. Ich bin Simon Petrus. Wie bei Saulus Paulus verdanke auch ich meinen zweiten Namen meiner Begegnung mit Jesus. Nur dass ich ihn in Fleisch und Blut getroffen habe und mit ihm zusammen durch die Lande gezogen bin. Unsere Bekanntschaft rührte von mehr als nur einer Stimme aus dem Himmel her …«

Wie schon ein paar Mal zuvor fallen sich Niklas und Jana wechselseitig ins Wort, weil sie ihre Frage gleichzeitig stellen. Niklas möchte wissen, was der Name »Petrus« bedeutet, obwohl er die Antwort bereits kennt. Doch er vermutet, dass seine Freundin es nicht weiß. Jana erkundigt sich dagegen nach dem Grund für die angesprochenen Differenzen mit dem Apostel Paulus. Simon Petrus hat das Anliegen beider erfasst und antwortet: »Der Name Petrus ist lateinisch und heißt ›der Fels‹, auf Griechisch *Petros* und in hebräischer Sprache *Kephas*. Diesen Beinamen hat mir Jesus gegeben, um mich auf meine spätere Aufgabe vorzubereiten, nämlich der Grundstein, das Fundament seiner Kirche zu sein. Dies zu deiner Frage, junger Mann. Und was Paulus und mich angeht: Wir waren zeitweilig unterschiedlicher Auffassung darüber, welche Voraussetzungen man erfüllen muss, wenn man Christ werden wollte. Ich war da etwas strenger in meinen Ansichten, er etwas liberaler. Sagen wir einfach: Sein offenerer Ansatz hat sich schließlich durchgesetzt.«

Jana will es genauer wissen: »Was war denn da überhaupt so strittig?« Petrus krault seinen dichten Bart: »Letztlich ging es um den Punkt, ob man zuerst ein vollwertiger Jude sein muss, bevor man Christ werden kann. Bei mir selbst und den übrigen Aposteln, die wir zunächst alle in Jerusalem und in Palästina unsere Mission betrieben, war das eigentlich kein Thema. Denn fast alle, die wir für den Glauben an Jesus gewinnen wollten, waren ja Juden von Geburt an. Paulus hatte es dagegen mit den Heiden zu tun, draußen in Kleinasien und Griechenland. Sie waren keine Juden oder höchstens Sympathisanten und so stritten wir darüber, nicht nur persönlich, sondern auf einem regelrechten Konzil, ob man ohne den vorhergehenden Zwischenschritt zum Judentum die christliche Taufe empfangen könne.« Petrus schaut nun Niklas direkt an: »Dabei ging es auch um ein recht schmerzhaftes Detail, jedenfalls bei uns Männern. Ohne Beschneidung der Vorhaut konnte ›Mann‹ nicht Jude werden. Was bei uns Juden sonst im zartesten Säuglingsalter geschieht, das hätten die heidnischen Männer in ihren Erwachsenenjahren über sich ergehen lassen müssen. Davor schreckten dann die meisten doch zurück.«

Petrus schwenkt jetzt wieder zu Jana zurück, spricht aber zu allen beiden: »Ist das wirklich das Wichtigste, was euch interessiert? Immerhin habe ich mit Jesus das letzte Abendmahl gefeiert, habe ihn Wundertaten und Krankenheilungen vollbringen sehen, durfte seiner Predigt lauschen und über seine Gleichnisse nachdenken. Aber vielleicht habt ihr recht: Warum das von einer Phantasmagorie in der Walpurgisnacht erfragen, wenn man nur in eines der vier Evangelien des Neuen Testaments hineinschauen muss. Seid froh, ihr könnt lesen. Ich als einfacher Fischer vom See Gennesaret konnte das nicht. Im Hinblick auf Bildung und religiöse Unterweisung war ich, das muss ich freimütig zugeben, im Vergleich zu Paulus ein Waisenknabe. Dennoch hat mich Jesus dazu auserwählt, der Felsen seiner Kirche zu sein. Es brauchte keinen Abschluss einer theologischen Hochschule, um Jünger oder Jüngerin Jesu zu werden. Wir Apostel waren Fischer und Zöllner. Einer von uns gehörte sogar einer politischen Widerstandsbewegung gegen die römische Besatzung von Judäa an.«

Niklas verfolgt immer noch die Absicht, mit seinen Erkundigungen Informationen zu gewinnen, die er für Jana für bedeutsam hält. So auch jetzt wieder: »Lieber Apostel Petrus, Sie selbst kommen natürlich in allen vier Evangelien vor. Wenn Sie deshalb nicht befangen sind, welches Evangelium würden Sie einer Einsteigerin zur ersten Lektüre empfehlen?« Petrus scheint einigermaßen verdutzt. Er sagt: »Eine solche Frage hättet ihr mal besser an Paulus gerichtet, denn das fällt mehr in seine Kompetenz. Zudem müsst ihr bedenken, dass die Evangelien fast allesamt erst nach unserer beider Märtyrertod geschrieben wurden. Alles davor war lediglich mündliche Überlieferung. Die ältesten Schriften sind in der Tat die Briefe von Paulus an die Gemeinden des Mittelmeerraums. Jedenfalls die, die er selbst geschrieben hat. Nicht die, die ihm im Nachhinein und bedeutend später zugeschrieben wurden. Aber wenn du mich so auf den Kopf zu fragst«, er blickt Niklas in die Augen, »dann würde ich als Einstiegslektüre das Markus-Evangelium empfehlen. Das ist auch nicht so umfangreich – und es ist das älteste Evangelium. In den zwei oder drei Stunden, in denen eure Großeltern den Film *Vom Winde verweht* geschaut haben oder ihr vor drei Jahren *Titanic*, in derselben Zeit kann man leicht auch das ganze Markus-Evangelium lesen. Es ist der mögliche gute Vorsatz für einen einzigen ausgedehnten Abend daheim!«

Niklas hat eine weitere Idee, um Jana christliches Basiswissen zu vermitteln. Nein, vermitteln zu lassen: »Paulus hat uns einen Tipp gegeben, woran man ihn erkennen würde. An einem Stapel Briefen und an einem Schwert. Woran könnten wir Sie denn erkennen?« Petrus reagiert verhalten: »Möchtet ihr wirklich Religionspädagogik auf Kindergartenniveau mit mir treiben? Aber gut, ich spiele mit. Doch dann möchte ich auch meinen Spaß haben.« Er greift in die Falten seines Obergewandes und holt ein rechteckiges Stück Plastik hervor, in der Größe einer Kreditkarte. »Was habe ich da, junger Mann?« Niklas ist nicht so geistesgegenwärtig, doch Jana hat das Rätsel bereits durchschaut: »Das ist eine *Keycard*, damit kommt man in modernen Hotels in sein Zimmer hinein. Mein Vater hat mir aus Japan davon erzählt.« Niklas schaut ratlos drein. Jana fährt aber schon fort: »Das haben Sie uns, sehr geehrter Apostel Petrus, gezeigt, weil Sie nach alter Überlieferung die Schlüssel des Himmelreiches verwalten.« Und zu Niklas sagt sie: »Ich bin vielleicht nicht getauft, aber komplett unwissend bin ich auch nicht!«

Niklas möchte wieder in die Offensive kommen und sagt zu Jana: »Gut, diese Runde ging an dich. Weißt du aber auch, was bei Petrus als Entsprechung für das Schwert in der anderen Hand zu halten wäre?« Petrus hält dieses Quiz in seiner Gegenwart für wenig vergnüglich. Er übernimmt es selbst, die Antwort zu geben: »Während Paulus, wie er euch selbst erläutert hat, römischer Staatsbürger war, konnte ich für meine Hinrichtung, ebenfalls in Rom, nicht das Privileg der Enthauptung in Anspruch nehmen. Mir blieb nur das Kreuz. Weil ich aber darauf bestand, dass ich nicht würdig sei, auf die gleiche Weise zu sterben wie mein Herr, kreuzigten mich die Henker kopfüber. Dies geschah auf der anderen Seite des Tiber, auf dem Gelände eines antiken Circus. Heute erhebt sich dort, über meinem Grab, die gigantische Kuppel des Petersdomes.« Im nächsten Augenblick merkt man, dass auch Apostelfürsten untereinander sticheln: »Wenn ihr zum Grab von Paulus wollt, müsst ihr erst die U-Bahn oder sogar einen Vorortzug besteigen. ›Sankt Paul vor den Mauern‹ heißt nicht nur so. Es liegt beinahe näher am Hafen von Ostia als am Forum Romanum.«

Niklas hat das Bedürfnis, zum Abschluss noch eine ernsthafte Frage loszuwerden, nach etwas, das ihn selbst persönlich beschäftigt: »Was war die größte Veränderung, die die Begegnung mit Jesus bei Ihnen ausgelöst hat, also innerlich?« Petrus denkt einen Moment nach. Dann sagt er: »Mich hat bleibend beeindruckt, dass Jesus mich nie aufgegeben hat. Immer wieder, auch nach meiner Berufung vom Fischerboot und meiner Familie weg, habe ich ihm Anlass zu Kritik und Ermahnungen gegeben. Entweder war ich vorlaut oder kleinmütig, großspurig oder feige. Auch im entscheidenden Augenblick habe ich versagt, weil ich am Karfreitag wie fast alle anderen Apostel weggelaufen bin. Und als ich die Chance gehabt hätte, mich zu Jesus zu bekennen, da habe ich ihn dreimal verleugnet. Und dennoch hat er mich nie aufgegeben, er hat mir immer wieder neu Verzeihung geschenkt und mich, trotz all meiner charakterlichen Fehler und Unzulänglichkeiten, mit der Aufgabe betraut, die wir eben schon erörtert hatten.

Die christlichen Mönche späterer Jahrhunderte haben dazu einen wunderschönen Hymnus für ihr Chorgebet gedichtet. Die vorletzte Strophe geht so: *Herr, wenn wir fallen, sieh uns an und heile uns durch deinen Blick. Dein Blick löscht Fehl und Sünde aus, in Tränen löst sich unsere Schuld.* So erging es mir mit Jesus, der mich damit betraut und mir zugetraut hat, die Schafe seiner Herde zu weiden, das heißt seiner Kirche in der höchsten Führungsfunktion zu dienen.«

Die höchste irdische Führungskraft verabschiedet sich zurück ins Licht. Jetzt kann eigentlich niemand mehr auftauchen. Denn das Licht ist ja Christus selbst. Diese Erkenntnis hat sich bei Niklas und Jana mittlerweile eingestellt …

Kapitel 31: Maria Magdalena

Sie haben sich getäuscht. Und der Wunsch von Jana wird doch noch Wirklichkeit. Ihre Skepsis ist widerlegt. Vor den Augen der beiden Jugendlichen taucht eine Frau auf. Auch sie ist in ein langes Gewand gekleidet. Wer mag sie sein? Sie hält nichts in ihren Händen. Auch keinen kleinen Jungen. Der erste Gedanke von Niklas ist deshalb: »Maria, die Mutter Jesu, scheint es nicht zu sein. Kein Kind auf ihrem Arm, auch die Farben des Gewandes widersprechen der eingespielten Sehgewohnheit: kein Blau und kein Rot, sondern helles Braun, beinahe Beige.« Für Jana gibt es keine solche Referenzgröße und sie geht auch nicht im Kopf alle irgendwie infrage kommenden Frauengestalten der Bibel durch. Sie kennt sie ja nicht einmal. Stattdessen fragt sie ohne Scheu und falsche Ehrfurcht: »Wer bist du?«

»Ich bin Maria von Magdala«, bekommt sie zur Antwort. »Oder aber, wie es für eure Ohren vertrauter klingen wird: Maria Magdalena. Ich war eine Anhängerin von Jesus. Ich bin mit ihm gegangen, bis unter das Kreuz, als nahezu alle seine Freunde längst das Weite gesucht hatten. Er war der wichtigste Mensch, dem ich in meinem Leben begegnet bin – und ich habe ihn geliebt. Und da es später so viele romantische Phantasien gab, will ich es gleich zu Beginn klarstellen: Ja, ich habe ihn geliebt. Aber ich war nicht seine Geliebte. Es gab keine *Lovestory* zwischen Jesus und mir. Dennoch habe ich mit jeder Faser meiner Seele an ihm gehangen. Denn er selbst war die Liebe und hat die unendliche Liebe Gottes vor der Welt offenbar gemacht. Eine Liebe, die jedem einzelnen gilt und die zugleich die ganze Menschheit umfasst. Jesus vermochte das. Und er vermag es durch alle Zeiten hindurch. Seine Liebe hat keine Begrenzung in Zeit und Raum und sie schließt auch noch den auf, der sich ihm verweigert, gegen ihn aufbegehrt oder in Gleichgültigkeit gegen Gott und die Welt abgestumpft ist. Wer immer Schuld auf sich geladen hat: Er, Christus, schafft es, dass du dich mit dir selbst versöhnst. Eine größere Befreiung gibt es nicht!«

Jana fragt kurz nach: »Du warst nicht nur bei der Kreuzigung von Jesus dabei, sondern auch bei seiner Auferstehung?« Maria Magdalena gibt ihr zur Antwort: »Nein, bei der Auferstehung war ich nicht dabei. Da war niemand dabei. Doch ich war bei den Ersten, die das leere Grab entdeckten und denen bewusst wurde, dass etwas geschehen war, das außerhalb unseres menschlichen Verstehens und Begreifens lag.« Niklas spürt eine besondere Nähe zwischen Jana und der heiligen Maria von Magdala. Sehr demütig, ganz anders als bisher, stellt auch er eine Frage: »Gab es damals am Ostermorgen nicht auch eine Verwechslung mit einem Gärtner?« Maria Magdalena schenkt ihm ein Lächeln: »Ja, der Evangelist Johannes hat diese Szene geschildert. Nun, er selbst war nicht dabei. Aber was er darin eingefangen hat, besitzt seine eigene Schönheit. Dass ein einziges Wort aus dem Mund von Jesu alles verändern konnte. So war er wirklich.« Weiter an Niklas gerichtet sagt sie noch: »Du erinnerst dich aber richtig, dass ich angesichts des weggewälzten Grabsteins und des fehlenden Leichnams so durcheinander war, dass ich den auferstandenen Herrn nicht sofort erkannte, obwohl er unmittelbar vor mir stand. Im ersten Augenblick dachte ich tatsächlich, er sei der Gärtner. So blind kann man manchmal sein. Zum Glück aber war mein Herz nicht so taub.«

Jana ist ganz in den Bann gezogen worden. Hier gibt es nichts mehr zu lernen oder einzuordnen. Es ist nur noch der Wunsch übrig geblieben, mitzufühlen und zu verstehen. Sie wagt sich noch einen Schritt weiter vor: »Was hast du dann getan, als der, den du liebtest, vor dir stand?

Er, von dem du sicher annehmen musstest, dass er tot sei und der nun offensichtlich und unbegreiflicherweise aus dem Reich des Todes zurückgekehrt war?« Maria Magdalena sagt: »Ich habe gar nichts getan. Das heißt, ich wollte etwas tun. Nämlich Jesus festhalten, ihn bei mir, für mich behalten. Doch das hat er nicht zugelassen. Da habe ich gemerkt, dass er, obwohl er derselbe war, nicht mehr derselbe war. Ach, Mädchen, du kannst mir sicher nicht mehr folgen ...« Jana lässt keine Distanz aufkommen und hält die Verbindung aufrecht. Sie erwidert: »Ob ich dir folgen kann oder nicht, spielt überhaupt keine Rolle. Dass du, Maria von Magdala, IHM gefolgt bist in ganz und gar einzigartiger Weise, voller Liebe, voller Dankbarkeit, voller Wehmut, das verstehe ich. Mir fällt es schwer, an so etwas wie eine ›Auferstehung‹ zu glauben und alle Naturgesetze bestärken mich in dieser Ablehnung. Aber dass die Liebe überdauern kann, dass die Liebe am Ende die Siegerin ist, das gefällt mir. Es freut mich und macht mich glücklich. Und es stößt mich auf eine innere Wahrheit: Es kommt viel weniger darauf an, was ich glaube, als darauf, ob da ein Gegenüber ist, an das ich glaube.«

Niklas ist tief beeindruckt. Doch er hütet sich, auch nur ein Sterbenswörtchen zu sagen. Er will die Magie, nein: die Mystik, dieser letzten Begegnung nicht zerstören. Auch er ist glücklich. Einmal nicht besserwisserisch oder neunmalklug, nicht strebsam oder abgehoben. Sondern im Herzen still vergnügt. Das ist ein gutes Gefühl und er würde es gern öfter haben.

Doch alles um ihn herum verschwimmt jetzt. Ein gewaltiger Druck legt sich auf seinen Brustkorb. Bevor er das Bewusstsein verliert, nimmt er noch wahr, wie das Licht aus der *Laterna* alles überwältigt und verschlingt. Um ihn ist nur noch Licht, allein vor seinen Augen wird es dunkel. Die Reise ist zu Ende – und er und Jana haben es bis zu jenem Punkt geschafft, der Alpha und Omega zugleich ist.

16 Monate später

Kapitel 32: Abschied aus Toronto

Jana trat aus der Kirche, gemeinsam mit ihrem Vater und der Familie ihrer Gastgeber. Alle festlich gekleidet; besonders die Kinder waren regelrecht herausgeputzt. Im Osten Kanadas kündigte sich bereits der *Indian Summer* an; schließlich ging es schon auf den Oktober zu. Bei der besagten Kirche handelte es sich im Übrigen nicht um ein katholisches Gotteshaus, sondern um eines der örtlichen anglikanischen Kirche.

Seit Beginn ihres Au-pair-Jahres war Jana Sonntag für Sonntag mit ihren Gasteltern und deren drei Kindern in diese Kirche gegangen. Das stellte zwar keine Auflage oder gar Verpflichtung dar, doch Jana war sehr gerne bereit, das Familienleben in seiner ganzen Bandbreite kennenzulernen. Und den halben Sonntag im Bett liegen zu bleiben oder sich alleine vor dem Fernseher zu lümmeln, darauf hatte sie im unbekannten Land erst recht keine Lust. Ja, es wäre ihr sogar wie eine Zeitverschwendung vorgekommen. Und natürlich kam dazu, dass das Erlebnis jener Nacht auf den 1. Mai des Vorjahres in ihr nachwirkte. Mit Niklas hatte sie sich danach gar nicht mehr ausführlicher darüber ausgetauscht. Denn es waren bald die mündlichen Prüfungen gefolgt, die selbstverständlich auch der gründlichen Vorbereitung bedurften, dann die ganzen Abiturfeierlichkeiten und vor dem Abflug nach Toronto hatte sie ihr Vater noch spontan zu einem Kurzurlaub mit dem Zug nach Prag mitgenommen. Als Belohnung für ihren ausgezeichneten Abschluss, obwohl er das selbst nicht so verstanden wissen wollte.

Während sie selbst mit einem Bein noch in Europa war und mit dem anderen bereits auf dem Sprung über den Atlantischen Ozean, hatte sich Niklas in Nürnberg eingefunden, im Noviziat der Jesuiten. Gerade in seinen ersten Wochen dort wollte Jana ihn nicht beim Prozess des Eingewöhnens stören. Seit dem Herbst, also seit einem knappen Jahr, schrieben sie sich E-Mails. Das geschah im losen Abstand von zwei oder drei Wochen – und tatsächlich nie kamen sie darin auf die Walpurgisnacht des Jahres 2000 und die *Laterna Mystica* im Schwetzinger Theater zurück. Ja, je länger der zeitliche und räumliche Abstand währte, desto fragwürdiger wurde Jana selbst dieses Spektakel. Vorübergehend hatte sie sogar den Verdacht gehegt, dass ihnen vielleicht einige ihrer damaligen Mitschüler aus dem Jahrgang mit irgendwelchen heimlich verabreichten Drogen diesen »heiligen Trip« beschert hätten. Unabhängig davon wirkte der Schatz, diese seelische Bereicherung, in ihr weiter. Und sie hätte diese Erfahrung nicht missen wollen. Keinesfalls!

Nach Ostern 2001, gut ein halbes Jahr nach ihrer Ankunft in Toronto, war sie im Anschluss an einen Sonntagsgottesdienst auf den Pastor zugegangen und hatte ihm einen Wunsch, eine Bitte vorgetragen: nämlich den Wunsch, getauft zu werden und die Bitte, dass er sie darauf vorbereite. Selbstverständlich hatte sie mit ihren Gasteltern darüber gesprochen und diese hatten sie ausdrücklich darin bestärkt. Vor allem jedoch hatten sie sich gefreut. Ihr Vater hingegen war sehr verdutzt gewesen, als sie ihm diese Idee vortrug. Er, der doch glaubte, seine Tochter gut zu kennen, hatte mit diesem Entschluss von ihr nicht gerechnet. Und er war sich lange im Unklaren, was er eigentlich davon halten sollte. Auch Niklas hatte merkwürdig verhalten auf diese Nachricht reagiert; am wahrscheinlichsten war, dass er sich nicht einmischen, sie nicht beeinflussen wollte. Dennoch war seine Reaktion eher abwartend gewesen, zurückhaltend. Für Jana war es eine Ernüchterung, dass ihr Freund angesichts dieser Entwicklung keinerlei Überschwang gezeigt hatte, so wie sie es von ihm erwartete.

Während der Monate ihrer Taufvorbereitung ging sie alle vierzehn Tage in die Kirche vor Ort; den zusätzlichen freien Abend hatten ihr ihre Gasteltern gerne eingeräumt. Es war ein Hineinwachsen in eine Glaubens- und Gedankenwelt, in die sie ja bereits einmal ganz intensiv hineingetaucht war. Doch sie hütete sich, dies dem Pastor gegenüber zur Sprache zu bringen, denn sie wollte natürlich ihre Zurechnungsfähigkeit nicht aufs Spiel setzen. Er hätte sie dann zwingend für verrückt halten müssen, geplagt von religiösen Wahnvorstellungen. Also saß sie brav ihren Taufunterricht ab und absolvierte ihr Katechumenat, wie dies in der christlichen Sondersprache hieß. Alles steuerte friedlich und völlig undramatisch auf ihre Taufe zu, die kurz vor ihrer Rückkehr nach Deutschland erfolgen sollte. Eine Taufe, die universal war und überall ihre Gültigkeit besaß: eine Eintrittskarte in jedwede Kirche auf dem gesamten Erdkreis.

Am 11. September war es mit dem Frieden vorbei. Das Drama hatte übernommen. Auch im kanadischen Toronto standen die Menschen unter Schock, als sie im Fernsehen die beiden Türme des World-Trade-Center in New York einstürzen sahen und sie in den Tagen danach die Botschaften jener Flugzeugpassagiere hörten, die über dem Bundesstaat Pennsylvania die todesmutige Auseinandersetzung mit den Terroristen, den Entführern ihrer Maschine, gewagt hatten. Es waren persönliche Glaubenszeugnisse und Liebesbekundungen, tief beeindruckend und zugleich herzzerreißend. Die ganze Welt stand still und zugleich stand sie Kopf. Es war ein Ausnahmezustand, der über Wochen anhielt. Und mitten hinein in diesen kollektiven Schock fiel Janas Taufe. Über mehrere Tage war auch völlig unklar gewesen, ob ihr Vater überhaupt eine Anreisemöglichkeit finden würde.

Jana selbst aber befand sich seelisch im Gleichgewicht. Was immer in ihrer Lebenszeit an Verstörendem und abgrundtief Bösem auch noch geschehen mochte: Sie hatte jetzt eine Verankerung, einen inneren Ort der Zugehörigkeit, den ihr niemand, keine Macht der Welt, mehr streitig machen konnte. »Weder Tod noch Teufel«, dachte sie und sprang damit gedanklich über den Atlantik, nach Nürnberg, in die Stadt Albrecht Dürers. Wie hieß doch dessen berühmter Holzschnitt: »Ritter, Tod und Teufel«. Wie es wohl Niklas gerade ging?

Kapitel 33: Ankommen in Nürnberg

Seit Mitte Juni 2001 ging es Niklas schlecht. Er hatte keine Glaubenskrise und auch sein Ziel, Jesuit zu werden, bestand unverändert fort. Er hatte sogar unlängst einen zusätzlichen Motivationsschub erlebt, als sie mit ihrem Noviziats-Kurs in der Woche nach Ostern in Rom gewesen waren: Das Sterbezimmer des Ignatius, dazu Il Gesù, die frühe große Barockkirche mit den Reliquien des Ordensgründers und des Ostasien-Missionars Franz Xaver, auch die Jesuiten-Universität Gregoriana und die vielen anderen berühmten Stätten der Ewigen Stadt. Heiligen der Kirche konnte man hier auf Schritt und Tritt begegnen; vielleicht ging man sogar gerade gedankenverloren über eines ihrer Gräber, ohne es zu merken.

Er hatte sich auch in Nürnberg gut eingelebt. Die Ausbildungskurse waren abwechslungsreich, die Auseinandersetzung mit der ignatianischen Spiritualität inspirierend, das Leben in der Gemeinschaft der Brüder zwar anfänglich ungewohnt, aber mit der Zeit eine bereichernde Erfahrung. Bald stünden die »großen Exerzitien« an, die geistlichen Übungen des Ignatius von Loyola, volle dreißig Tage lang. Das würde, in den Wochen vor der Sommerpause, eine echte Bewährungsprobe werden. Fast fünf Wochen des Schweigens, des Rückzugs aus der Welt, der stillen Betrachtung und des intensiven Gebets. Ein Jesuit machte die »großen Exerzitien« mehrmals in seinem Leben. Und Niklas stand jetzt vor seiner Premiere.

Bevor es losging, gab es noch eine ganze Reihe von Gängen und Besorgungen, die Niklas erledigen wollte. Ein paar Geburtstagsgeschenke für Freunde und Familie, das Reisebüro für die abschließende Buchung eines

Wanderurlaubs in Wales in den beiden ersten Augustwochen – und er hatte bereits vor Ostern festgestellt, dass ihm seine einzige Anzugshose zu weit geworden war. Er hatte seit dem letzten Sommer bestimmt drei oder vier Kilo abgenommen, ohne dass er es darauf angelegt hätte. Das geregelte Leben im Noviziat, der gemeinsame Sport taten ihre Wirkung. Von dem schmalen Taschengeld konnte und wollte er sich keinen neuen Anzug kaufen und der von seiner Abiturfeier war auch noch mehr als in Ordnung. Nur der Hosenbund musste enger gemacht werden. Und wofür gab es Änderungsschneidereien …

So betrat Niklas am 13. Juni eine solche Änderungsschneiderei, mit seiner Hose über dem Arm. Im Laden schien niemand zu sein. Er wartete, bestimmt zwei Minuten. An der Ladentür vergewisserte er sich über die Öffnungszeiten. Die Schneiderei hatte offiziell geöffnet und sie war ja auch offen. Halblaut rief er: »Ist hier jemand? Ist irgendwer da?« Hinter dem Tresen begann ein kurzer Flur, der wohl in eine Art Büro führte. Ob da jemand saß? Niklas zögerte noch, denn wer gab ihm das Recht, hier im Laden herumzustöbern. Vorsichtig setzte er einen Fuß aus dem Kundenbereich in den hinteren Teil des Geschäfts. Als er einen zweiten Schritt tat, schrie er laut auf. Und er schrie noch ein weiteres Mal. Höher diesmal, unkontrolliert: Hinter der Theke lag ein Mann, ganz offensichtlich tot. Sein Gesicht und der Oberkörper waren blutüberströmt. Niklas zitterte am ganzen Leib, seine Knie gaben nach. Mit einer Hand hielt er sich an der Theke fest und ließ sich langsam zu Boden gleiten. Vor der Theke, damit er den getöteten Mann dahinter nicht ansehen musste.

Nur wenig später ging die Eingangstüre auf. Und wie eben bei seinem eigenen Eintreten erklang ein lautes Bimmeln. Eine ältere Frau stand im Gegenlicht und sah ihrerseits erschrocken auf den jungen Mann, der da vor ihr am Boden kauerte und dem jegliches Blut aus dem Gesicht gewichen war. »Mein Gott, was fehlt Ihnen denn?«, äußerte sie erschrocken. Niklas stammelte nur ein Wort, das aber gleich mehrfach: »Polizei, Polizei«. Dann wurde er auch schon ohnmächtig, so wie gut ein Jahr zuvor im Rokoko-Theater von Schwetzingen. Nur ist er diesmal nicht glücklich, nicht still vergnügt, sondern vollkommen fassungslos: Was Menschen anderen Menschen antun können! Er begreift es nicht.

Am Abend war er zurück im Noviziat. Die erste Befragung durch die Polizei hatte er schon hinter sich. Er konnte nicht viel sagen, noch weniger zur Aufklärung beisteuern. Er hat den Toten gefunden, ja. Doch wie lange er dort schon lag? Er hatte keine Ahnung. Auch hatte er niemanden sonst gesehen, als er die Änderungsschneiderei betrat, weder im Laden noch davor. Seine Aussage brachte den ermittelnden Beamten keinerlei verwertbare Hinweise. So nahmen sie seine Personalien auf und er wurde von einem der Jesuiten-Patres von der Polizeiwache abgeholt. Beim Einsteigen ins Auto merkte er, dass seine Hände immer noch zitterten. Es war das erste Mal in seinem Leben, dass er einen toten Menschen gesehen hatte. Und dann noch das Opfer eines Gewaltverbrechens.

Wo war hier eine *Laterna Mystica*, wo war hier ein allwissender Heiliger oder ein Prophet, der in die Zukunft schauen konnte? Insgesamt zehn Morde, terroristische Attentate, auf ausländische Gewerbetreibende: Gemüsehändler, Blumenverkäufer, Inhaber von Internet-Cafés. Türken, Kurden, ein Grieche; viele davon längst mit einem deutschen Pass. Dazu noch eine thüringische Polizistin. Keiner sah hier den zweiten Fall einer rechtsterroristischen Serie, niemand hatte einen NSU auf dem Schirm: den »Nationalsozialistischen Untergrund«. Doch auch ohne diese Kenntnis war in Niklas etwas zerbrochen. Oder: Es war zumindest etwas in ihm angeknackst: sein Glaube an das Gute im Menschen. Sein Glaube daran, dass alle Menschen doch im Grunde gut seien. Ihm war bisher in seinem Leben noch nichts wirklich Widerwärtiges, weder Menschenfeindliches noch Widergöttliches begegnet, das diese naive Weltsicht hätte erschüttern können. Es war jetzt das erste Mal, dass er sich mit so etwas auseinandersetzen musste.

Diese Stimmung, diese Erschütterung begleiteten Niklas auch in den Wochen danach. Die »großen Exerzitien« brach er schon nach drei Tagen ab. Er konnte sich einfach nicht sammeln, nicht zur Ruhe kommen. Immer wieder tauchte vor seinen inneren Augen der tote, blutige Körper des Änderungsschneiders auf. Sein Blick nach Innen, in sich selbst hinein, war blockiert. Das sahen noch vor ihm selbst seine Ausbilder ein. Er selbst hätte die Exerzitien wahrscheinlich sogar fortgesetzt, aber das hätte nur seinen totalen Zusammenbruch nach sich gezogen. Die Jesuiten sorgten dafür, dass er erst einmal für zwei Wochen nach Fürstenried nahe München kam: in eine wunderschöne und friedliche Umgebung mit Schlosspark und der Möglichkeit weitläufiger Spaziergänge. Der Jesuit dort, der hier ansonsten Kurse als geistlicher Mentor begleitete, nahm ihn in seine Obhut und päppelte ihn seelisch wieder auf. Das gelang ganz gut, denn er war nicht nur Priester, sondern auch ein einschlägig qualifizierter Psychologe.

Ja, sie haben etwas drauf, diese Jesuiten. Der heilige Ignatius möge voll Wohlgefallen auf sie blicken und ihrer Schar noch viele Patres hinzufügen. Und über seine Schulter möge die noch heiligzusprechende Mary Ward schauen, auf dass sich auch die Zahl ihrer Schwestern mehre.

Wenn nicht in Deutschland, wenn nicht im mittlerweile alters- und glaubensschwachen Europa, dann auf dem ganzen weiten Erdkreis. In all den Himmelsgegenden dieser Welt, aus denen die Heiligen von heute und morgen kommen werden. Es gibt sie schon längst: in

Lateinamerika, in Afrika, in Asien und Ozeanien. Europa ist schon seit geraumer Zeit nicht mehr der Nabel der christlichen Welt. Es ist an der Zeit, das zu begreifen – aber ebenso auch zu wissen, woher wir Mitteleuropäer kommen!

»All ihr Heiligen Gottes, bittet für uns!« Wir haben es so bitter nötig, in diesem Tal der Tränen.